脱戦争

宿命論からの「解放学」

常本 一

付録「市民のための平和学講座」10講

東方出版

キューバ　1969年

ベイルート　1973年

はじめに

今年は戦後70年。つまり70歳の戦後生まれが誕生する年となるくらい、戦争は遠い昔のこととなってきました。だからこそ例年以上に、平和を誓う様々なイベントや学習会が開かれたり、戦争体験を継承する様々な本が出版されているようです。

しかし、世界で5千万人以上といわれる死者をだした第二次世界大戦の記憶を、その体験のない世代がいったいいつまで継承していけるのでしょう。

戦争体験の継承は「知識」と「想い」に分かれます。どのくらいの規模の被害だったかなどは文献により、比較的後世に伝わりやすいのに対し、その時どんなに怖かったか、どんな気持ちだったかなどは、実際に体験した者でなければ理解はむずかしいもの。

それこそまさに戦争体験が風化する原因といえるのですが、さりとて我々はただ手をこまねいているわけにはいきません。何か新しい手法を考えなければならない時期にきているのではないでしょうか。

本書はそれに対するひとつの答えとして世に問うものです。本書で試みているのは戦争の理論的理解。戦争が起きるメカニズムを理論で理解し、防止策を考えるというものですから、戦争体験の有無とは関係がなく、ですから風化とも無縁でいられます。そして将来、風化に伴って必ず高まっていくであろう、戦争の危険を回避できるというわけです。

もちろん、戦争の記憶の継承が必要ないというわけではありません。しかし、「戦争が起こるしくみを知らなくては戦争を防ぐことはできない」という、これまでともすれば等閑視されてきた平和教育の方法論の重要性を、次世代にこそ知らしめていきたいのです。

その、戦争を理論で理解する「戦争解剖学」については、一見するとかなり難解と感じることでしょう。なるほど高等数学で使うようなグラフが出てきますが、単なる概念図です。よくわからないときは本文にそって指でなぞるなどすれば、問題なく理解できます。

また、本書は小冊子にすぎませんが、後半の部分には地球国家（＝人類の恒久平和）への道筋について、様々なヒントがちりばめてあります。特に東アジアの国々との平和に関しては、それは過去を乗り越えることも意味するだけに力を入れました。

さらに、将来の戦争を防ぐためのもうひとつの答えである、従来から行なわれている戦争体験の継承についても、方法論的に様々な新機軸を提案しています。戦争の語り継ぎのため、少しでもお役に立てれば幸いです。

最後の付録もぜひお役立てください。グループでの平和学習など、どうでしょう。戦争を単に思想ではなく科学の対象とすることから発展してきた、現在の平和学の一端をのぞき見ることができるものとなっています。

昨年の夏、本書は韓国で先行販売され、好評を博しましたが、このたび韓国の読者から書評をいただき、本書に掲載するという幸運に恵まれました。その書評に寄せられたいくつかの疑問に答えた一文も収録しています。ご参照ください。

本書で示した「戦争解剖学」が読者のみなさんにとって、戦争宿命論からの「解放学」となることを心の底から願ってやみません。

２０１５年盛夏

常本　一

スペイン　1994年

板門店　1992年

脱戦争　宿命論からの「解放学」　目次

ハバナ　1969年

ベイルート　1973年

「戦争解剖学」講座Ⅰ

～戦争神話にだまされないために～

ちょっと、そこのあなた。だまされてはいけません。「戦争は人類の宿命である」と思い込んではいませんか？　それを戦争神話というのです。

しんわ【神話】③人間の思惟や行動を拘束し、左右する非合理理念や固定観念。

『辞林21』三省堂より

平和博物館「ピースおおさか」について

大阪府と大阪市の同額出資によって設立された、公益財団法人 大阪国際平和センターが運営する博物館。1991年にオープンした。大阪市中央区にある大阪城公園の一角に位置する3階建の建物に3つの常設展示室、特別展示室、講堂などを持つ。

設立のコンセプトは、過去の戦争により日本が被った「被害」だけでなく、アジアの諸国に与えた「加害」をも併せて展示する「両面展示」。それにより過去を乗り越えることを目指している。

（開館後20年を過ぎた頃からリニューアル構想が出され、ピースおおさかは「大阪空襲」（被害）を、加害の側面は近現代史学習施設（仮称）を新しく建てて、それぞれ展示する方針となり、2015年4月にピースおおさかが一足先にリニューアルオープンした。しかし、その後の大阪の政治的混乱により、後者の施設は建設の目処が立たず、ピースおおさかが再び加害の展示をも担当する可能性もあるため、本書においては便宜上、特に触れない限りは、ピースおおさかは旧「両面展示」のままであるとして記述することにする）

三つの戦争神話

２００５年は先の大戦が終結してから60年という節目の年でした。その頃、筆者は「ピースおおさか」という平和博物館に勤めていましたが、その年の夏のちょっとした体験からお話を始めたいと思います。

さすがに戦後60年とあって、いつもの夏休み以上に多くの親子づれ、子ども会、サークルの学生などがピースおおさかに来館し、連日、熱心に平和学習をしていました。しかし、実際のところ戦争についてどのくらい理解できているのでしょうか。

ピースおおさか玄関　2014年

※武田の赤備え　武田信玄に仕えていた飯富虎昌がその率いる部隊の武具一式を朱塗りにしたことが起源。後に甲斐武田軍団の代名詞になった。

ある日のこと。ある子ども会の指導員の方が大勢の子どもと見学後に事務室に寄り、開口一番、そもそも戦争はなぜ起こるのでしょうと、困った顔で聞いてきました。「子どもに聞かれてしまって……」

確かに答えるのはむずかしい。そのむずかしさが戦争神話を生んできました。その、子どもたちにとって母親くらいの指導員は、「戦争は決してしてはいけませんよ」と子どもたちに教えたあとで、たとえばこう考えはしなかったでしょうか？

「待って、そういえば、このあいだもウチのジョンが近所の野良犬と激しくうなりあってたわ……犬も私たちもつまりは動物なのだから、戦争はしかたないのかも」

「そうよ、私だって今朝、亭主とケンカしたばかりだわ……その私にそもそも国と国の戦争を責める資格があるのかしら」

さらに、こんなことも考えたかもしれません。「今、目の前にある悲惨な戦争の展示パネルを見ていると、本当に戦争はいけないと思うけれど、そういう私も昨晩やってた黒沢明の影武者に出てきた武田の赤備え※のシーンには、思わず、キレイ！　勇壮ねえと思ったわ……認めたくないけれど、戦争には何か引きつけるようなものがあるのかも」

そこで彼女は冒頭のようにピースおおさかの事務室に駆け込み、筆者に相談することになった。（のでしょう）

もうおわかりと思いますが、彼女の頭の中を駆け巡ったものは、次の三つの戦争神話なのです。
①「人間が戦争をするのは、動物と同じように攻撃性という本能があるからだ」
②「個人がケンカをするように、国家も戦争というケンカをする」
③「戦争映画などを見て胸を躍らせるのは、戦争には魔力※のようなものがあるからだ」

――「だから人類が戦争をすることはしかたがないのだ」「戦争は決してなくならない」という結論を、それらの神話はともなうのです。（そりゃしかたがないと思うなら、なくなるものもなくならないでしょうが……）

それに対して、みなさんはどう答えるのでしょうか。子どもたちにどう教えますか。戦艦大和やゼロ戦を本で見て、カッコいいと正直に口にする子ども（特に男の子）に、「戦争はカッコいいものじゃない！」と恐い顔をしてにらむくらいが関の山かもしれません。

戦争を道徳的に断罪するのは悪いことではありません。確かに人の死をともなう、戦争というものはよくないことに決まっているからです。しかし、だからといって、その理由、原因を明らかにせず、頭ごなしに叱ったり、カッコいいことではないと無理に思い込ませようとするだけでは、幼い頃の筆者がそうであったように、子どもたちは納得しません。

そうなれば戦争神話の思う壺なのです。では、どう答えればいいのでしょう。

※戦争の魔力　魔力とは人間力を超えた不思議な力のことであるが、この場合、悲惨で忌み嫌われる戦争が、同時にどこか人を引き付ける魅力をももっている意味合いのこと。

※道徳の領域から科学の対象へ　第１次世界大戦後、Ｌ・リチャードソンやＱ・ライトなどが数学や統計学などで戦争を分析し始め、それまで思想や善悪で語られていた戦争を科学の対象とした。

戦争の解剖図

ここで最も大切なことは、戦争を道徳の領域から科学の対象※へと移すことなのです。前置きが長くなりましたが、筆者は以下のように答えていくことにします。図ａは戦争に科学的なメスを入れ、徹底的に解剖したものです。

この図を見て戦争がよけいわからなくなった、と皮肉を言いたくなる読者諸氏も多いことでしょう。それは、人体を解剖してみても、心臓や大腸だけを見て、人間の活動を想像できないのと同じことかもしれません。

しかし、人間を五臓六腑に解剖すれば、必ず病巣は発見されるものです。それまで迷信でしか理解されなかった奇病も、原因がつきとめられるように、戦争神話も戦争の科学的な解剖によって、単に迷信にすぎないことを白日の下にさらすことができるのです。

そこで、本講座Ｉでは、前述の三つの戦争神話に一つひとつ答えていくかたちで、図ａにたどりつくまで戦争を少しずつ解剖していきたいと思います。別の言い方をすれば、「戦争解剖学」による戦争神話への徹底的な反駁。そしてそれはラストに〝戦争神話の完全消滅〟という結論が待っているストーリーであることはいうまでもありません。

【図ａ】

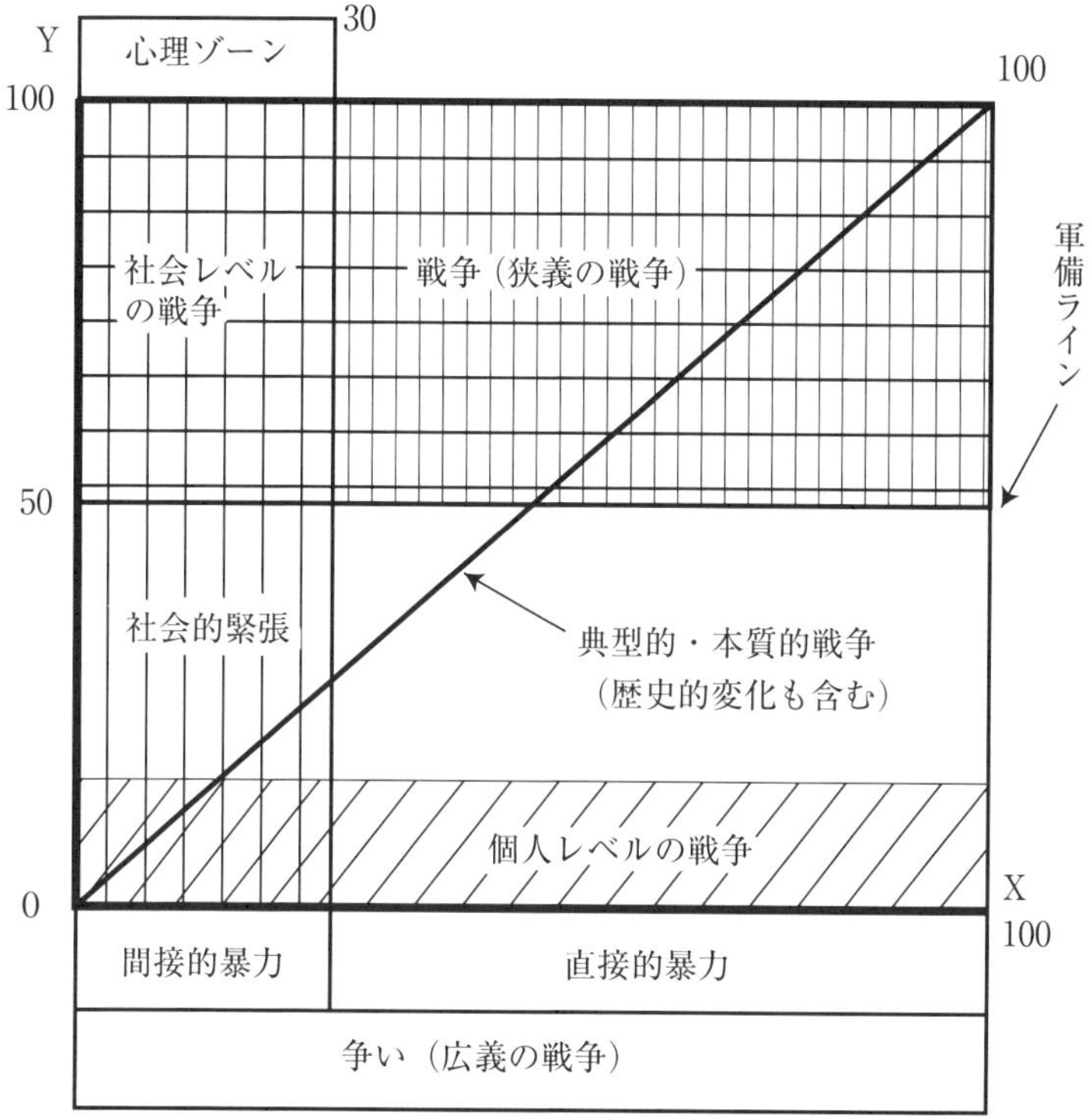

Ｘ軸：戦争の自然性（敵愾心の程度）　Ｙ軸：戦争の社会性（戦争参加者の規模）

量と質の法則

まずは順番どおり、「人間が戦争をするのは、動物と同じように攻撃性という本能があるからだ」という戦争神話から解剖のメスを入れていきたいと思います。「戦争は本能で起こる」という、一番広く信じられているがゆえに、一番手ごわい神話から片付けましょう。

この神話はそもそも、人間と動物は程度の差こそあれ同じものであるという認識からきています。読者諸氏の意見はどうでしょう。「そうであるとも言えるし、そうでないとも言えるような……」といったところが大多数ではないでしょうか。

実は筆者の考えも同じなのです。つまり、人間イコール動物という面と、人間と動物は全く別ものという側面の、両方とも真実であると考えるところから、まずは出発してみたいと思うのです。

話はいきなりギリシャの昔に飛びます。街角で議論を交わすことが何よりも好きなソフィスト※たちが、ある時、とある奇妙な現象に気がつきました。

麦を一粒、二粒と積み重ねていっても、しばらくは単なる麦の集まりにすぎない。しかし、だんだんと積んでいくうちに、それは堆積と呼ぶべきものに変わる。（いったい何粒から〝堆積〟になるのかと聞かれても答えられないのですが）

※ソフィスト　古代ギリシャのアテナイを中心に活躍した弁論家たち。徳を教える教育家でもあった。しかし、しばしば詭弁を弄することで批判されることも多かった。

【図b】

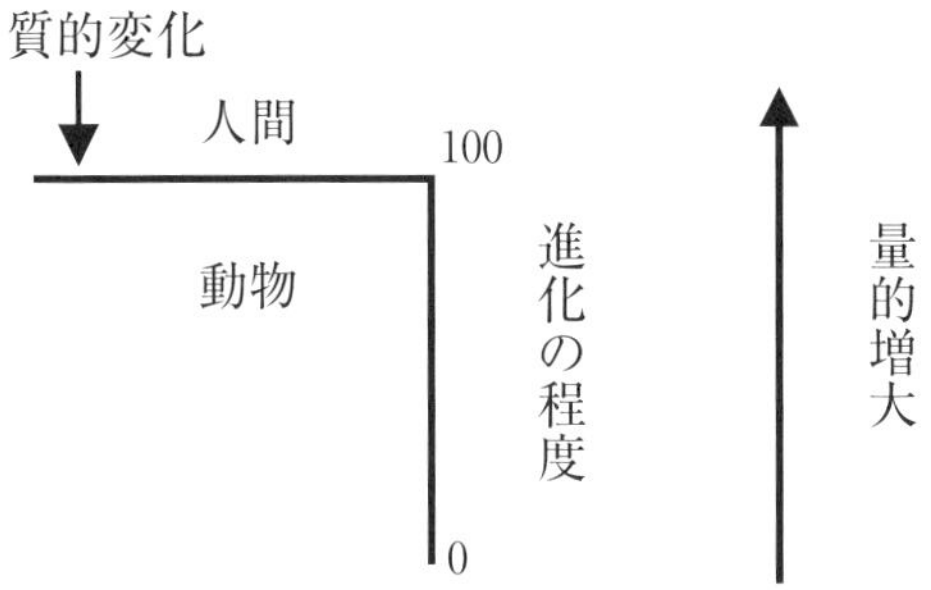

「量の相違が質の相違をまねく」という法則が発見された瞬間でした。温度の変化で水が氷になり、はたまた蒸気に変わるということでも、その法則は確かめられます。

しかしながら、いくら堆積という概念に変化しても、麦の粒そのものが何か別なものに変化するわけではありません。麦はいくら積み重なっても麦なのです。

もうおわかりでしょう。人間と動物との相違も、このように理解することができるものです。要するに「明瞭な質的変化がある」ともいえるし、「単なる量的な差にすぎない」ともいえる関係というわけです。図bはそれを図であらわしたものです。

人間は本能をもたない？

世間の多くの学者諸氏は、しかしながら、そのような〝どっちつかず〟の論の立て方はお気に召さないようです。ゆえに議論の対立はヒートアップするばかり。

「人間を解明しようとして動物を研究するのは、ジェット機がどのように飛ぶのかを調べようとして、一輪手押車を分解するようなものだ」

こう言って憤懣やる方ないのは、動物と人間とは全く別ものとする側の論客のひとりです。

そこでまず、こちら側の主張から見てみましょう。

その代表格アッシュレー・モンターギュ※は、1968年に、『人間と攻撃性』のなかで、動物にもとづいたいろいろの議論は、厳密にはそれらの動物だけに関するものであって、人間には関係がないと書いていています。彼はさらに続けます。

「…乳児の示すいくつかの本能類似の反応を除けば、人間はまったく本能をもたないというのが実状である」

本能をもたない？　人間が？　本当にそうでしょうか。みなさんは、もちろん心のなかだけのことではあっても、「殺してやる！」と思うくらい怒りにふるえたことはないでしょうか。それとは反対に、心の底から同情を感じたり、友情に涙したことは？

※アッシュレー・モンターギュ　(1905〜1999) イギリスの人類学者、ヒューマニスト。人間の進化と文化の根源を探る幅広い研究で知られる。

これらの情動は教えられたもの、つまり学習によって初めて行えるようになったものでしょうか。このように考えれば、やはり人間にも本能があると考えざるをえません。

もちろん先述のように、人間と動物には進化の程度に量的な差が存在することで、当然質的な差も出てきますから、動物の本能と全く同じものというわけではありません。サル学者の伊谷純一郎※は言います。

「少なくとも高等な動物や人間では、本能と非本能は、はっきりと峻別されるべきものではなく、両者の中間に位置する…そういう層を考えてゆかなければならない」

人間の本能とは、〝そういう層〟に属するもので、それを仮に「準本能」と呼ぶことも可能でしょう。されば、人間にどうしても本能の存在を認めたくない人は、本能ではなく準本能なのだと方便を用いることもできます。

それはともかく、なぜモンターギュたちはそのような極端ともいえる主張に固執するのでしょう。なるほどそれは、「氏」か「育ち」かという、生物学上のアポリア（永遠の問い）の一面ももってはいるでしょうが、筆者には彼らが彼らなりの〝戦争神話の否定〟を試みているような気がしてなりません。

つまり、人間が本能をもたないのなら、動物のように攻撃性という本能で争いあうという説も否定できますし、いわば白紙の状態で生まれてくるのなら、平和を愛するように仕向ける教育によって戦争をなくすことも可能だと、強く結論づけることもできるからです。

※伊谷純一郎　（1926〜2001）生態学者、霊長類学者。京都大学名誉教授。今西錦司が始めた世界的に高く評価されているサル学の後継者として活躍した。

科学と道徳の混同

1986年の「暴力についてのセビリア声明」にも、それに通底したものを感じます。これはユネスコが、20人の科学者をスペインのセビリアに招き、学術会議を開いて、「戦争は生物学的必然ではない」という結論にいたる声明を、高らかにうたったものです。

この声明については、結論はもちろんのこと、「遺伝子は私たちの行動能力の発達に協力しているが、遺伝子だけがその結果を決定するのではない」とするところなどは、筆者と立場を同じくするものでもありますし、ユネスコによる声明という、その社会的影響力の意義を認めるにやぶさかでは決してありません。

しかし、次の箇所などは、無批判に見過ごすことはどうしても無理なのです。

「闘争は動物種の広い範囲で起きているが、組織された集団間における破壊的な同一種内闘争のケースは、自然に生息している動物種ではわずかな報告しかなく…戦争は人類固有の現象であって、他の動物においては起こっていない」

動物の闘争は生息域や順位を決めるための、いわば必要悪であって、同一種内では無用の殺生を避けるために、その闘争は儀式化され無害なものとなっている——。これは戦後興隆した動物行動学で、盛んに流布された理論です。

※E. O. ウィルソン　1929年生まれ。アメリカの昆虫学者、社会生物学者。人間はいわば白紙の状態で生まれるのではなく、すでに遺伝子によって誕生後の行動が決められているとする。

しかしその後、鳥類の子殺し・兄弟殺し、チンパンジーでのオスの子どもの間引きなど、自然界における同種殺しの観察例が数多く報告されることになりました。社会生物学の第一人者、E・O・ウィルソン※は、『人間の本性について』のなかで、次のように述べています。

「もしもマントヒヒが核兵器を手にしたなら、彼らは1週間と経たぬうちに世界を破壊してしまうに違いない。さらにアリに至っては、暗殺、小規模衝突、全面戦争などいずれも日常茶飯の出来ごとになっている。アリに比べたら、人間など実に温和な平和主義者と言うべきである」

ウィルソンの言にはやや誇張が入っているというものの、読者諸氏には、この書がすでに1978年に刊行されていることに注目していただきたい。つまり、セビリア声明が出された1986年という年は、社会生物学・行動生態学の発達により一変せられた動物界のヴィジョンが、すでに学界の定説として優位となっていた時期なのです。

5大陸12カ国から集められた俊英たちは、それにもかかわらず、その最新の知見・学説を無視しました。なぜか？〝戦争神話の否定〟をしたかったからです。そのために学術会議の場であるというのに、「戦争は生物学的必然ではない」という結論が、はじめからありきだったのです。

彼らは、しかしながら、そこにひそむ重大な落とし穴に気づいてはいません。筆者は本講座のはじめのころに、戦争神話を否定するために最も大切なことは、「戦争を道徳の領域から、科学の対象へと移すことである」と述べました。

人間が攻撃性のような邪悪なものをもっていると考えるべきではない、とか、最初から決められた結論を出すべきだ、などというのは道徳の領域であって、科学の立場では決してありません。

そしてくり返しになりますが、科学と道徳を混同してしまうことによる思考的混乱は、それこそまさに戦争神話の思う壺なのです。

筆者の思想的立場

さて、このへんで筆者の思想的立場を明確にしておく必要があると思います。本講座は戦争神話の否定をするはずだったのに、それを試みている側を批判するなんてけしからん、と思うむきもあるでしょうから。

筆者は前にも述べたように、人間にも攻撃性という本能（準本能）の存在を認めます。しかし、攻撃性の存在だけで人と人が争い、例えば殺人に帰結するかのように考えることはしません。なぜなら、そうなるためには他の要因、たとえば内的・外的要因（イライラしていた、仲間がたくさんいて気が大きくなっていた、など）や偶発性（倒れた相手の打ちどころが悪かった、など）といった多くの要因が重なることが条件であるからです。

もちろん、攻撃性は人が争うための絶対必要条件ですから、その役割は極めて大きいことにはまちがいありません。しかし、生物学の立場から戦争を論ずる者たちが、しばしば人のもつ攻撃性を、そのままのかたちで人間の戦争（大規模な武力戦）の原因とみなすこと（人間は本能をもたないとすることは、それに対するアンチ・テーゼなのです）に対しては、筆者はそれを受け入れることはできません。

上に見たように、個人の殺人という争いのレベルですら、その原因は単純ではありえないのに、ましてや武器を用いた社会的規模の戦争の原因は比較にならないくらい複雑です。それにもっと根本的なことは、すでに述べた「量と質の法則」を思い出してください。社会はいうまでもなく個人の量的な集合体なのですから、社会で起こる現象の原因と個人レベルのことを説明する原理とは、当然質的に異なるということにならざるをえません。

つまり、社会的規模の戦争の原因は人間の攻撃性であるには違いありませんが、それは変質していて、社会意識という社会学的研究の対象となるものに変わってしまっているのです。（これについては本講座Iの「戦争の発明のメカニズム」で詳しく述べます）

筆者の立場を要約すると、次のようになります。個人レベルの争いには人間の本能たる攻撃性が関係している部分が多く、またそれはしばしば気まぐれに起こるため、根絶することはむずかしいが、平和愛好の教育によって極小化することはできる。

一方、武器を用いた社会的規模の戦争は、人類の発明以外の何ものでもなく、同じく人類の発明（民主主義、地球国家※など）によって完全に根絶することが可能なものである。
すなわち、戦争（特に大規模な武力戦）は人類の宿命などとはとんでもないあやまりで、それゆえ本講座Ⅰでそれを証明しているというわけなのです。

ローレンツの攻撃性優位論

そこで、今度は、人間イコール動物とする側、しばしば戦争は人類の宿命であると論じてはばからない者たちに、徹底的な反駁を試みようと思います。

彼らの理論的チャンピオンは、何といってもコンラート・ローレンツです。１９７３年にノーベル賞を受賞した彼は動物行動学の名を世に知らしめただけでなく、人間性の考察や人類の未来にも言及し、偉大な文明批評家でもあったことは今さら紹介するまでもないでしょう。

特に彼の攻撃性理論は、熾烈な米ソ冷戦のさなか、核戦争による人類絶滅の危機に対し、悲観的な予測を与えるものとして多方面から批判を受けました。

ローレンツはあまりの批判に鼻白み、自分の攻撃性理論のうち人間に関する部分は仮説にすぎないと言い訳していますが、彼の著作を読む限り、彼もまた動物と人間を同じ理論的範疇に入れる学者のひとりにまちがいありません。（しばしば継続説※と呼ばれます。それに対しモンターギュのような考え方は環境説といいます）

※**世界連邦運動**　国際連合の改革と強化を通じて「法の支配」による地球国家の実現を目指すもの。草創期の提唱者はアインシュタイン、ラッセル、湯川秀樹など。

※継続説　人類と親縁の動物たちとの間に、行動上の継続性があるとする説。ローレンツだけでなくE.O.ウィルソンの立場や動物学者デズモンド・モリスの「裸のサル」の概念がそれである。

攻撃性という本能は、動物と同じように人間においても、それに拮抗的に働く本能、つまり攻撃性を抑える本能をもっています。そのことは他の本能も同様で、たとえば摂食本能においても、食べる活動ばかりしていて全く眠らなければ、過労死してしまうことからも理解できます。いわゆる、ホメオスタシス（恒常性維持機能）の一種です。

本来、生物にはそういう本能間のバランスが働くものと考えるべきなのですが、ローレンツにおいて問題なのは、攻撃性に比べてそれを抑える本能が特に人間において弱いと論じている点なのです。この攻撃性優位論ともいうべき考え方の理由について、彼は以下の二つをあげています。

①　なぜなら人間は身体的に強力な武器をもたないから。（それに相応する抑制力も進化上強くならなかった）

②　なぜなら生物進化上、友情や愛の登場は、攻撃よりも数百万年新しいから。

攻撃性と抑制力のバランス

理由①については、もう少し説明が必要でしょう。ローレンツは言います。

「動物のもつ武装の有効性と、この武装を同種の仲間に対してふるうことを妨げる抑制作用との間には関係がある」

【表】

A	強大な武器をもつ動物 （オオカミ、シカ、カラスなど）	強い攻撃抑制力
B	弱小な武器をもつ動物 （ネズミ、ウサギ、ハトなど）	弱い攻撃抑制力

その関係とは、動物の闘争について、先述のように、それは種の生存のために意味をもつ必要悪だが、そのためにあまり多くの個体が死ぬようなことになれば、その意味を失ってしまうという理由から進化したもので、上記の表のように、同種内での攻撃抑制力は攻撃力に正比例してバランスをとっているのだと彼は主張しています。

Bの弱小な武器しかもたない動物は、それだけ攻撃抑制力も弱いけれども、もし本気で闘争しても（それに対しAのオオカミなどは闘争を儀式化している）、傷が浅かったり、逃げ足が速かったりして致命傷にはならないから、それでもやっていけると言うのです。

そしてローレンツは、いうまでもなく、人間をネズミなどのBに属するものとみています。ところが人間は身体に遺伝的に受け継いだ武器のほかに、殺傷を専門とする道具をつくり出し、自然界の法則に反して攻撃力のみAのカテゴリーへと入ってしまったのだと言います。

ローレンツはその著『攻撃』のなかで、もしひとりの行動学者が火星から人間集団の行動を観察したとしたら、と仮定し、次のように書いています。

「（その行動学者は）人類の未来を、ほとんど食糧もつきた船の上でいがみ合っているネズミの群れの行く末とさして変わらないと判断するだろう。それでもネズミのほうはまだ楽観できる。というのは、ネズミの場合には大量殺りくのあとでも、ともかく種を保つにたるだけの数は残っているだろうからだ。水素爆弾※を使ったあとの人間については、それはきわめて疑わしい」

人間が水素爆弾の使用を思いとどまるには、人間のもつ攻撃抑制力は極めて心もとない。ゆえに、その、すぐにカッとなって本気に闘争してしまう攻撃性をうまくそらすしかない、とローレンツは主張します。

攻撃性はまちがいなく人間の本能であって、取り除くことができるはずもないから、その力をうまくそらしたり、他の生産的なものに転換すればいい、という説は、実は多くの者に支持されています。

ローレンツと反対の、「戦争は生物学的必然ではない」という側の論者、マーガレット・ミード※でさえ、少しく論理的混乱をみせ、戦争を防ぐための条件のひとつとして、「益々都会化する環境の中で、かつては厳しい自然環境と戦争によって声望を得ていた若い男性に、その代用

※水素爆弾　原子爆弾が核分裂を利用するのに対し、核融合を利用した、通常、より破壊力の大きい爆弾。一般に「原水爆」などとして知られる。水素爆弾も起爆の部分には核分裂が使われている。

※マーガレット・ミード　(1901～1978) 20世紀のアメリカを代表する文化人類学者。平和愛好的なニューギニアのアラペシ族などの研究で知られる。ジェンダー研究の先駆者でもある。

物として、彼らの勇気と肉体的な能力を有効にする方法を見つけること」をあげていることをみますと、その説は定着してしまっているようです。

しかし本当に、人間の攻撃性という本能を抑えるために、人間がもっている本能の力はそんなに頼りないものでしょうか。そこで、前掲の表についての検討が次の課題となってきます。

ローレンツは正しいのか?

くり返しになりますが、ローレンツは身体的武器の力が弱いものほど、その抑制力も弱いと言います。とすれば、女性は男性よりもその抑制力が弱いということになりますが、なるほど思い当たる節もないことはありません。みなさんはどう思われるでしょうか。

筆者が勤務していた平和博物館「ピースおおさか」で以前、子ども兵士に関する特別展を開催した時のこと。準備のため文献を読み込んでいますと、女の子の兵士は男の子の兵士よりも残虐にふるまうという事例に数多く出会いました。やはりローレンツのその理論は正しいのでしょうか。

前掲の表が示すようなローレンツの考え方は、なるほど、大筋においては大向こうをうならせる説得力をもっていると思われます。また、現在の我々にとって、何よりも武器を捨てること(我々の攻撃力をBに戻すこと)が最優先の課題であることを明確にし、するどい警鐘ともなっているものです。

しかし、そのAとBという二分法（ローレンツは前掲のような表は用いていませんが）は、少しく粗雑であいまいのそしりは免れません。

たとえば、Bに属するネズミよりむしろ体が小さいトガリネズミの方が、Aのオオカミによく似た儀式的闘争をすることや、Bのハトのように飛び去るという高い逃避能力と繁殖力をもつカラスが、Aレベルの強い攻撃抑制力を進化させる必要があったのか、など首をかしげさせる点もみられるからです。

そして何よりも、冷戦の終結を見ることなく世を去ったローレンツにはわかるはずもありませんが、あれほど激しい核軍拡競争をくり広げた米ソ両国が結局、水素爆弾を使わなかった事実は、ローレンツの上記の理論に対する雄弁な反証となっています。人間の攻撃抑制力も捨てたものではなかったというわけです。

本能の民主議会

それでは次に、ローレンツの攻撃性優位論を支える、前述のもうひとつの理由②へと目を移すことにしましょう。

ローレンツは動物の愛（結合・連帯・友情）の儀式が、攻撃の行動から転化したものである

【図c】

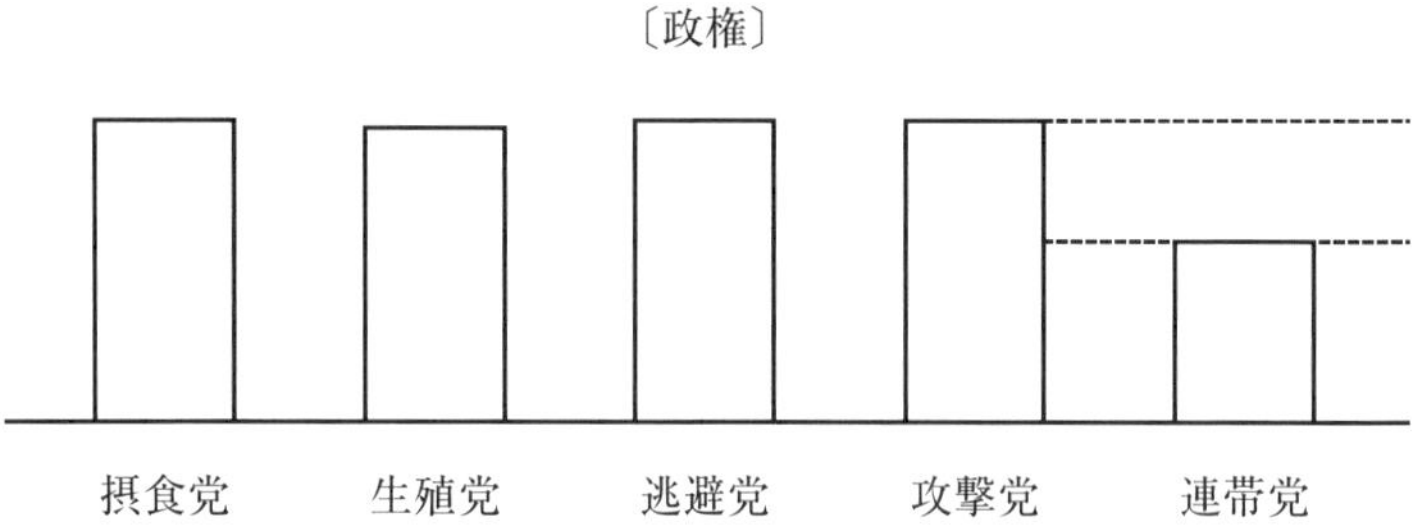

本能の民主議会

という知見から、動物の種内攻撃の歴史は個体間の友情や愛よりも数百万年古い、だから愛は新参者で頼りないとしています。

「種内攻撃は相手役（拮抗的に働く本能）である愛をともなわないことがあるらしいが、逆に攻撃性のない愛は存在しないのだ」

ところで、ローレンツはしばしば、本能のメカニズムを議会にたとえています。それをベースにして、彼の上記の考え方を図にすると、図cに示すような、人間をも含む動物の基本的行動を規定する〝本能の民主議会〟が出現することになります。

この〝議会〟においては、たとえば生殖党が政権を握れば、その動物はセックスを始めます。フーッと毛を逆立ててにらみ合っていた猫の一方が、急に逃げ出した時は、攻撃党から逃避党への政権交代の瞬間、というようなメカニズムが働くと理解されるのです。

さて、本題に戻りますが、本当にローレンツの攻撃性優位論が示すように、連帯党は攻撃党を抑えることができないのでしょうか。

もちろん、攻撃党以外の政党が政権をとっている時や、攻撃党があまりの長期政権となってしまい、前述のホメオスタシス（恒常性維持機能）が働いて、自ら政権をおりる場合には（ゆえに独裁がないという意味で〝民主議会〟の名がありますが）、攻撃党の専横が抑えられることになります。

しかし、こと攻撃党との一騎打ちに限っては、やはり図ｃの点線部分が示すように、結党の歴史が浅いことにより、議席数も少ない小党の連帯党には太刀打ちする術がない、と判断されたとしてもいたし方ないところでしょう。

友愛という院内会派

いささか暗くなっているかもしれない読者諸氏は、しかしここで、上記のローレンツの言葉を思い出していただきたい。生物がその進化の歴史上、種内攻撃において愛（連帯党）をともなわない時代があったと言うのです。

ではなぜ、その時の生物は滅亡しなかったのでしょう。攻撃党しかもたない生物であれば、戦いに明け暮れ、地上から消え去っていってもおかしくありません。

そう考えれば実は、攻撃党のなかにも、図ｄのように〝非暴力グループ〟という勢力があって、同種の間では闘争を儀式化して、できるだけ致命傷とならないように歯止めをかけている

【図d】

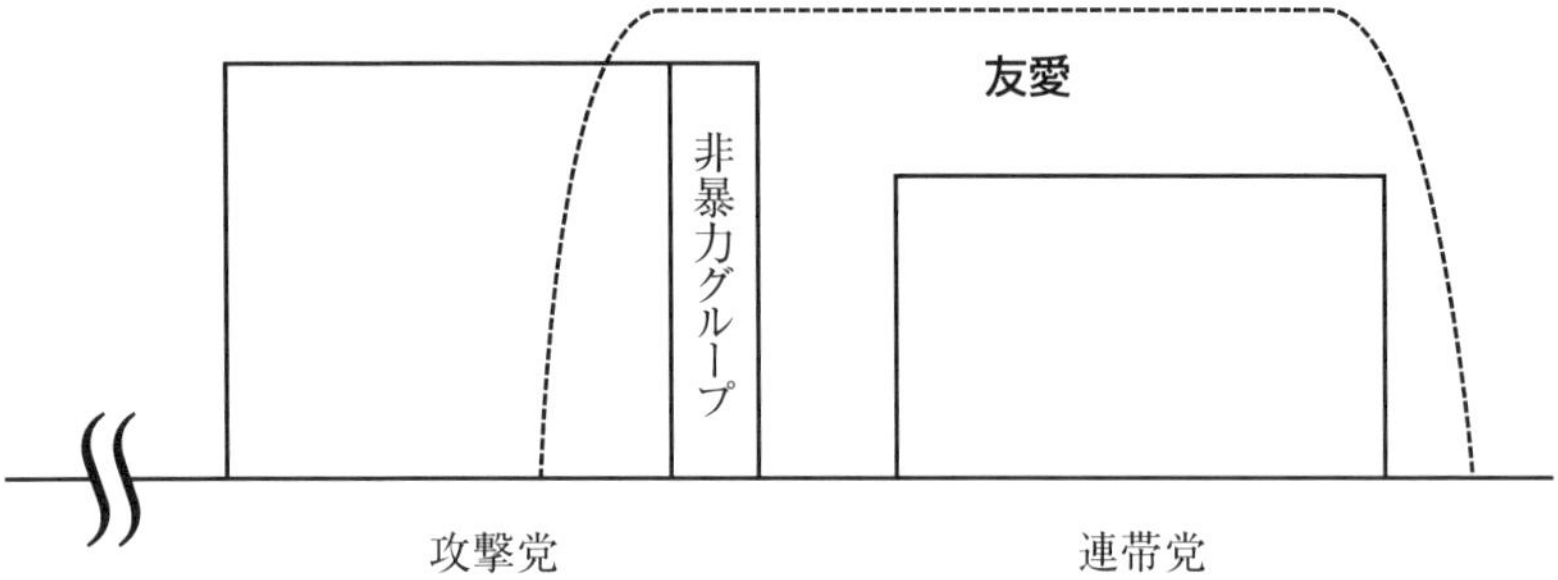

本能の民主議会

ことがわかるのです。

この〝非暴力グループ〟は、するどい牙をもつオオカミなどでは大きな勢力を保っていますが、人間ではほんの小勢力でしかなく（これは前掲の、AとBに分けた表と同じ考え方です）、残酷なものを見るともどしてしまう〝虚弱な胃袋〟や、良心の呵責などがその進化的遺物だとする学者もいます。

とにもかくにも、人間のもつ〝非暴力グループ〟は、小規模とはいえ〝本能の民主議会〟において、図dのように連帯党とともに〝友愛〟という院内会派を結成し、連帯党の議席の不足を補い、攻撃党と勢力を拮抗させることによって、その専横を抑える働きをするのです。

このようにみてくると、人間にも十分な攻撃抑制力が遺伝的に備わっていることがわかるでしょう。人類がこれまで水素爆弾を使わなかったことは、決して偶然などではなかったのです。

これまで見てきたように、筆者は人間に攻撃性という本能の存在を認めながら、戦争宿命論すなわち「人間が戦争をするのは、動物と同じように攻撃性という本能があるからだ」という戦争神話を否定してきました。

読者のみなさんは、十分納得されたでしょうか。自己評価してみますと、個々人のあいだの争いについては、人間にも十分な生得の攻撃抑制力があるから、戦争（争い）の発生は、事実であっても生物学的必然ではない、と認識されたのではないでしょうか。

ところが、社会的規模の武力戦争については、筆者の言うように、人間の発明という動物にはない後天的、人為的なものであるとしたら、宿命ではないことはわかるが、それがどう発明されるのか、そのメカニズムについての疑問が依然残っていることと思います。

そこでこれから、その疑問についてお答えしましょう。

戦争の発明のメカニズム

人間の起こす社会的規模の武力戦争は、何度も言いますが、動物には不可能な発明です。それゆえ、その発明のメカニズムは人間と動物との、以下の〝二つの違い〟にその謎が隠されているのです。

①　人間は道具をつくる。
②　人間は言葉を話す。

これら〝二つの違い〟が、人間が生得的にもっている、攻撃性を抑制する本能（前述の比喩でいえば、友愛という院内会派のことですが、友愛性と呼ぶこともできます）を目くらませ、その本来の発動を阻止することにより戦争を起こりやすくしたり、その被害を大きくしたりする。つまり、戦争が生物学的基礎を超えて、発明されることになるわけです。

まず、①について。人間のつくる道具とはもちろん、戦争をする場合には武器ということになります。

武器の使用によって、人間はたったの一撃で相手に致命傷を与えてしまうようになりました。断末魔の相手の苦悶に満ちた表情が、攻撃者の憐れみの感情（攻撃性を抑える本能＝友愛性）をかきたてても、その時にはもう遅いのです。

さらに武器の使用は、闘争者間の距離をはなすことによっても、その憐れみの感情を引き出す相手のサインを見えにくくしてしまうのです。

たとえば、ある村をナパーム弾※で攻撃せよという命令に服したパイロットでも、実質は同じことなのに、広場に引き出された数百人の上にガソリンをかけて火をつけるよう命令されて

※ナパーム弾　広範囲を焼き尽くす油脂焼夷弾のこと。「ナパーム」とは複数の燃焼材名からの略語。航空機からの投下用としては、太平洋戦争やベトナム戦争の時のものが知られる。

も、今度はおそらく従わないことは確実でしょう。なぜなら、そのパイロットは機上からは、その阿鼻叫喚の地獄図が見えないからこそ命令に服したのですから。

こうして戦争は発明されていきますが、もうひとつ不可欠なものがあります。それが②の「人間は言葉を話す」ということなのですが、これは、人間が類まれな象徴能力をもっていることを意味しています。

人間も皮膚の色など多少の違いはあるものの、容姿が似かよっているため、他人種に対しても仲間意識（攻撃性を抑える本能＝友愛性）をもっていますが、これは戦争を発明する際の妨げとなってしまいます。

そこでその高い象徴能力を使い、「やつらは人間ではない。鬼だ。ケモノだ」と無理やりにでも思い込むことにしたのです。太平洋戦争の時の、鬼畜米英のスローガンはその典型といえるでしょう。こうしてケモノを屠殺するがごとく、何の良心の呵責もなく殺人を犯すことができるようになったというわけです。

社会的規模の武力戦争を滞りなく遂行するためには、さらに解決しなければならない難問が待っています。攻撃性を友愛性のくびきから解放して、「鬼畜米英」と一人ひとりの意識に刻み込んでも、しょせん個人意識は気まぐれなものです。大規模な戦争は継続期間も長くなりがちなため、途中で気が変わってしまうようなことになれば戦争などできません。

そこで、その個人意識に集団の圧力をかけて、集団全体の意志という確固たる社会意識に変質させる必要があるのです。

　そのためには、人種的偏見やゼノフォービア（外国人恐怖症）などをあおる政治的宣伝を大々的に行い、他方で、個人意識にひそむ攻撃性を抑える本能＝友愛性が社会的に組織され、大規模な反戦運動につながらないように、政治的強権を発動しなければならないのです。

　このようにして、ようやく戦争は発明され、遂行されるわけですが、もちろんそのためには軍隊という専門的戦士団を養い、軍備を整えるための一定の準備期間や国家が傾くほどの予算も必要なことはいうまでもありません。

　これまでずっと見てきたところで、みなさんはもうおわかりでしょう。戦争とはこんなに手間のかかるものなのです。それを人類の発明といわずして何というのでしょうか。生物学的必然というのなら、なぜそんなに手間が……もうやめましょう。これ以上の言葉は必要ありません。

「人間が戦争をするのは、動物と同じように攻撃性という本能があるからだ」という戦争神話が、本講座Ⅰで完全に死に体となっていることを、読者諸氏はもう見とどけているでしょうから。

※「人民寺院」集団自殺事件　アメリカ人教祖ジェームズ・ジョーンズによって1955年に設立された、キリスト教系新宗教「人民寺院」が引き起こした事件。自殺から逃げ出し、殺害された者も多い。

個人のケンカと国家の戦争

さて次に進んで、今度は第二の戦争神話「個人がケンカをするように、国家も戦争というケンカをする」について、解剖のメスを入れることとしましょう。個人のケンカと国家の戦争は同じものでしょうか。みなさんの意見は？

同じものとはいえないが、ではどう本質的に違うのかときかれても困るといったところでは？　それは全く無理からぬことで、「社会は個人の集合体か否か」という質問には、社会科学者だってはっきりとは答えられないのです。

それが、戦争神話が巣くう最大の原因のひとつです。概念を峻別できないことが、思考的混乱をまねくという意味において。

一方で、個人がすることを国家も必ずするというわけではありません。たとえば、個人では時には自殺する人もいますが、国家の自殺などというのは、古今東西、文字どおりの意味では全く存在していません。

しかし、集団レベルとなると、まれに史実となります。その最大のものは南米・ガイアナで１９７８年に起きた、カルト教団「人民寺院」集団自殺事件※でしょう。死者の数は千人ともいわれています。

ここまでのところで、勘のするどい読者は本講座のはじめのところでとりあげた、「量の相違が質の相違をまねく」という法則に、何か関係があると感じ始めていることでしょう。

進化の程度の量的な増大が、いつのまにか質的な変化を生み出し、動物と人間を区別したように、ここでもまた、国家の構成員数の量的な増大が、個人の領域と国家の領域とを分け隔てるという現象が起きるのです。（それは上記の集団レベルのような、あいまいな中間の領域をも生み出すのですが）

そこで、本講座Iのはじめのころに用いた概念図を再び使って、その関係を見てみたのが図eです。

図eの左半分と右半分は、カテゴリーの違いはあるものの（それゆえ点線でむすばれています）、ともに上記の法則で理解できる性質のものといえます。

次に、いま焦点となっている右半分の図を切り離し、戦争について考えるために、図eの縦軸における「国家の構成員数」という指標を、図fでの縦軸の指標、「軍隊の構成員数」に置き換えてみることにします。

また、「国家」→「軍隊」、「個人」→「兵士」というように概念も変化させます。（図fは〝閉じて〟四角形になっていますが、後述のように、社会や戦争をあらわすためです）

【図ｅ】

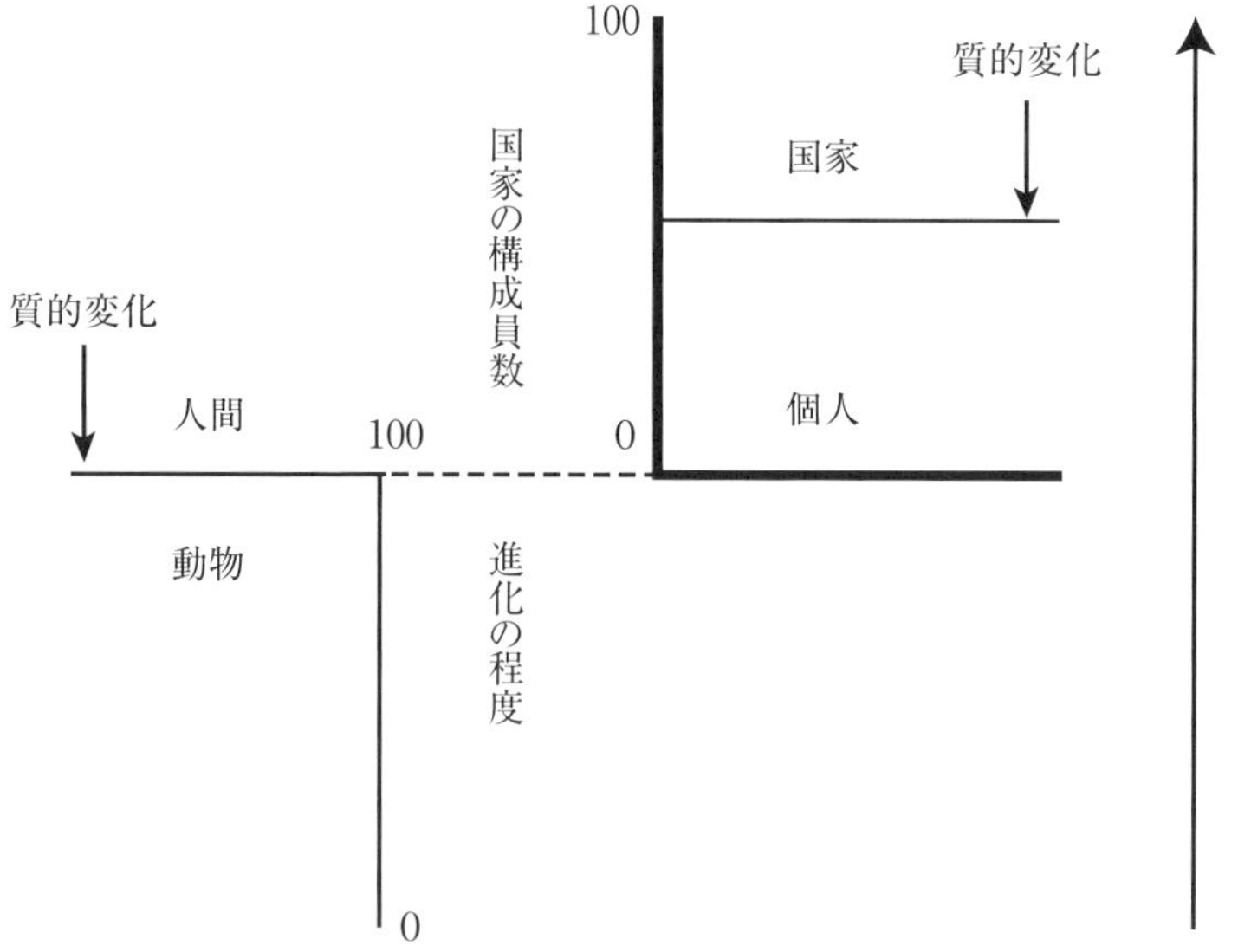
100
質的変化
国家の構成員数
国家
質的変化
量的増大
人間
100
0
個人
動物
進化の程度
0

【図ｆ】

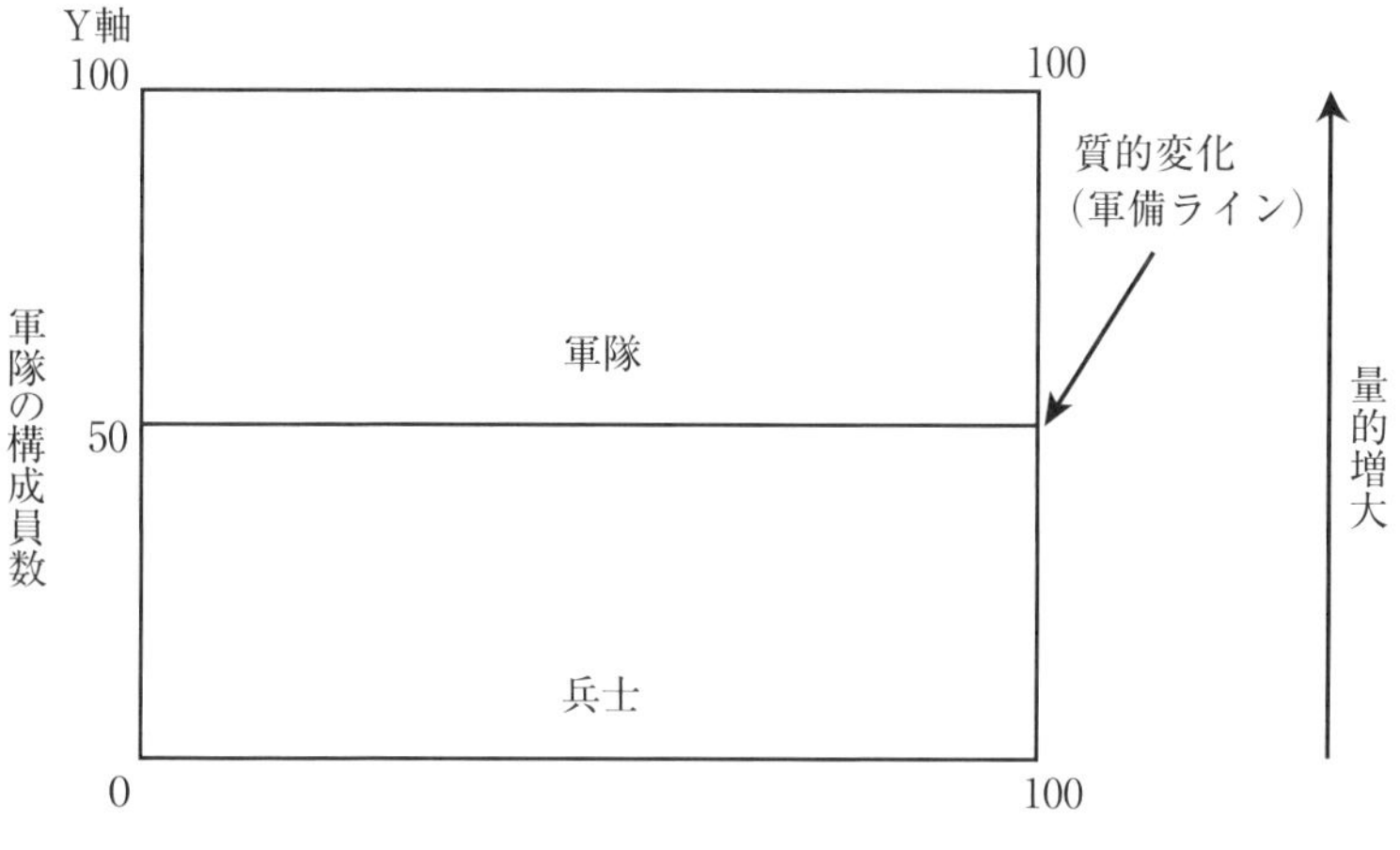
Y軸
100
100
質的変化
（軍備ライン）
軍隊の構成員数
軍隊
50
量的増大
兵士
0
100

※ロジスティックス　軍事用語としては「兵站」。軍隊での物資の配給や整備、衛生、施設の構築などをいう。安倍首相が提唱する、自衛隊による外国軍隊への「後方支援」もこれに含まれる。

軍備ラインによる質的変化

兵士となりうる人間が一人ひとり集まったとしても、それは必ずしも軍隊とは呼べません。そうなるためには、武器を装備したうえで（メンテナンス、ロジスティックス※を含みます）、指揮系統が確立されていなければならないからです。

ゆえに軍隊が成立し、しかも常態となるためには軍備の存在が不可欠であり、それは言い換えれば、個々人の武装が量的増大によって、質的に変化したものなのです。

そこで、軍隊という概念と兵士というそれとの間には、**図f**のように厳然と「軍備ライン」が引かれることになります。（便宜上、値50とされていますが、はっきりといえる性質のものではなく、単位もありません）

ところで、軍隊や軍備というものは、**図f**全体を社会ととらえた場合（地球全体であれば人口は約70億人の社会となるでしょう）の、静的な概念であり、それらを動的にみれば、**図f**は人間社会に展開される戦争そのものを示していることになります。

そして、いま仮に戦争が起こったとして、動員される兵士の数が量的増大をおこして、縦軸（図全体を0を中心としたグラフとみれば、Y軸ともいえます）の値が高くなればなるほど、戦争が大規模になり社会性を帯びてくると考える時、縦軸の指標は「軍隊の構成員数」から「兵士の

※**ゲリラ戦**　「ゲリラ」とはスペイン語。しばしば弱者の戦法と呼ばれる。ナポレオン率いる無敵のフランス軍に対して、スペインの民衆軍が住民の協力のもとに行なった抵抗方式である。

【図g】

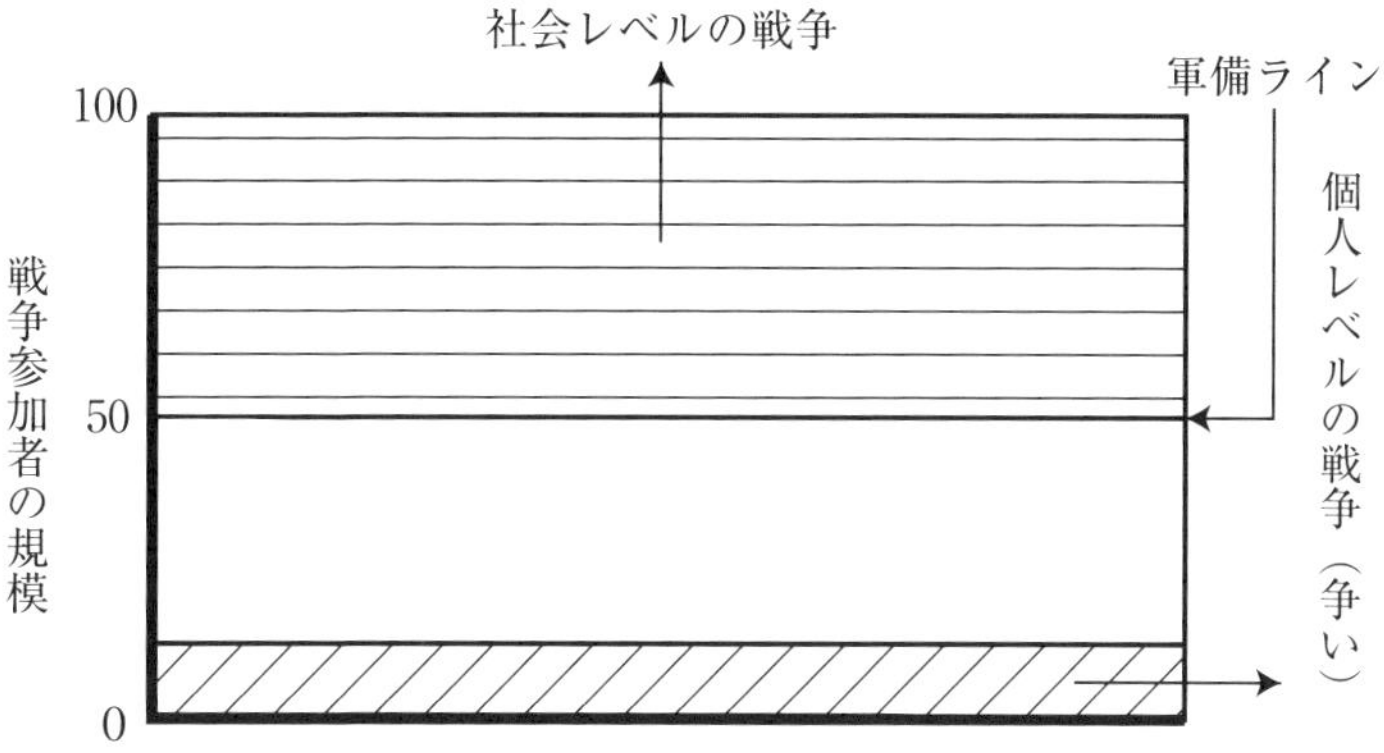

動員の規模」と書き換えられるべきことがわかるでしょう。

ところが、近代に入って、ナポレオン戦争下のスペインにおいて、ゲリラ戦※が誕生し、今日ではその形式の戦いが広く見られるように、兵士という概念はついには女性、老人、子どもをも含むようになったと解釈されます。

そのため縦軸、つまりY軸の指標は、「戦争参加者の規模」とする方がより適切のように思われるのです。以上述べたことを図示したのが、**図g**です。

このへんで、読者諸氏はそろそろ、本講座Ⅰの冒頭に掲げた戦争の解剖図に少しずつ近づいてきたことにお気づきでしょう。と同時に、「個人がケンカをするように、国家も戦争というケンカをする」という第二の戦争神話が、図gを前にしては、その説得力を失ってしまうことも理解されたと思います。なるほど個人のケンカ（個人レベルの戦争）も国家のケンカ（社会レベルの戦争）も、人間の起こす戦争（図全体の範囲）に含まれるというものの、その領域は重ならず、国家のケンカは軍備によって発明されたものである点が（軍備ラインの存在）、何よりも個人のケンカとは性質を異にしているのです。

（図gでは特に示していませんが、「戦争の発明のメカニズム」のところで述べたように、おおよそ軍備ライン付近で、個人意識に根ざした攻撃性が社会意識に変質し、戦争の発明に不可欠の役割を果たすことになります）

こうして見てきますと、第二の戦争神話がしばしば人の口にのぼるのは、一人の人物で国を代表させる手法の国際政治の風刺画や、「おかあさんは我家の財務省」といった比喩の世界のことでしかなく、その実は全くないものであることがわかるでしょう。

戦争の徹底的解剖

以上、二つの戦争神話を否定するため、戦争の解剖を進めてきましたが、みなさんはどう感じられたでしょう。あまり納得していない方々のためにも、少し駆け足になりますが、もう少しメスを入れていくことにします。

【図h】

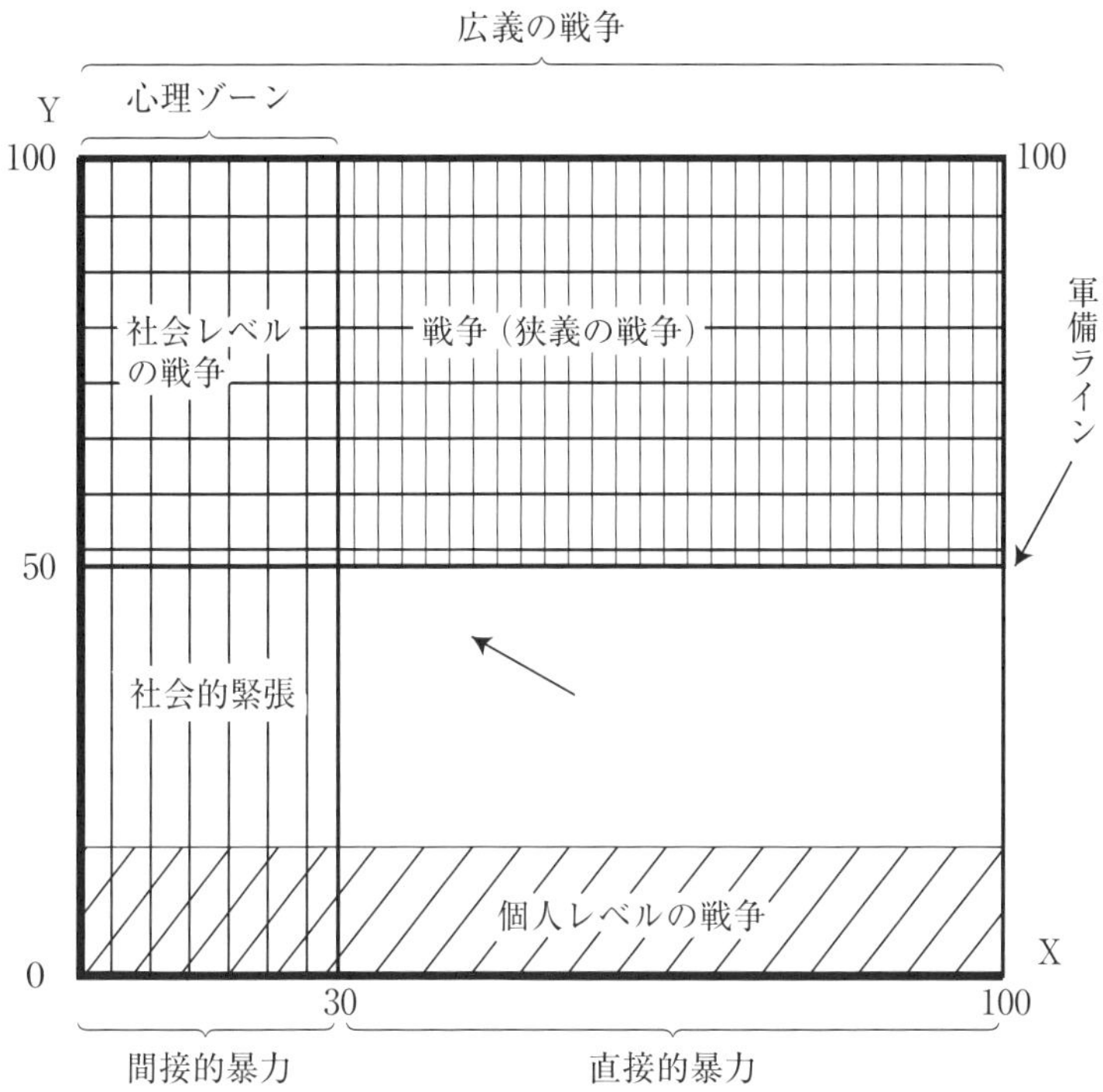

X軸：戦争の自然性（敵愾心の程度）　Y軸：戦争の社会性（戦争参加者の規模）

戦争にはすでに述べたように、社会的な側面だけでなく、恐怖の感情や敵愾心など、人間の自然の感情に根ざしたものも顔をのぞかせています。すなわち、もし図gの横軸（＝X軸）に指標を置くとしたら、それは「敵愾心の程度」ということになるのです。

人間の争いは相手に不安を感じることが第一歩ですが、だからといっていきなり交戦状態（個人レベルでは殴り合い）となるとは限らず、むしろ反目の状態が長く続くことの方が広く見られます。

そこで敵愾心の値30（軍備ラインの場合と同じく、はっきりといえる性質のものではなく、単位もありません）までは、直接的暴力に及ばないという「心理ゾーン」が設けられることとなるのです。

そしてようやく、ここに戦争の解剖が完了し、日常会話で最も普通に使われる「戦争」（狭義の戦争）という概念が、図hのように明確な規定を受けて取り出されることになったのです。概念の明確化は、戦争神話にだまされないために絶対不可欠なものであることは、いまさらくり返すまでもないでしょう。

戦争の進化

さて、ずっと試みてきた戦争神話の否定も、残すところあとひとつ、すなわち第三の戦争神

【図ｉ】

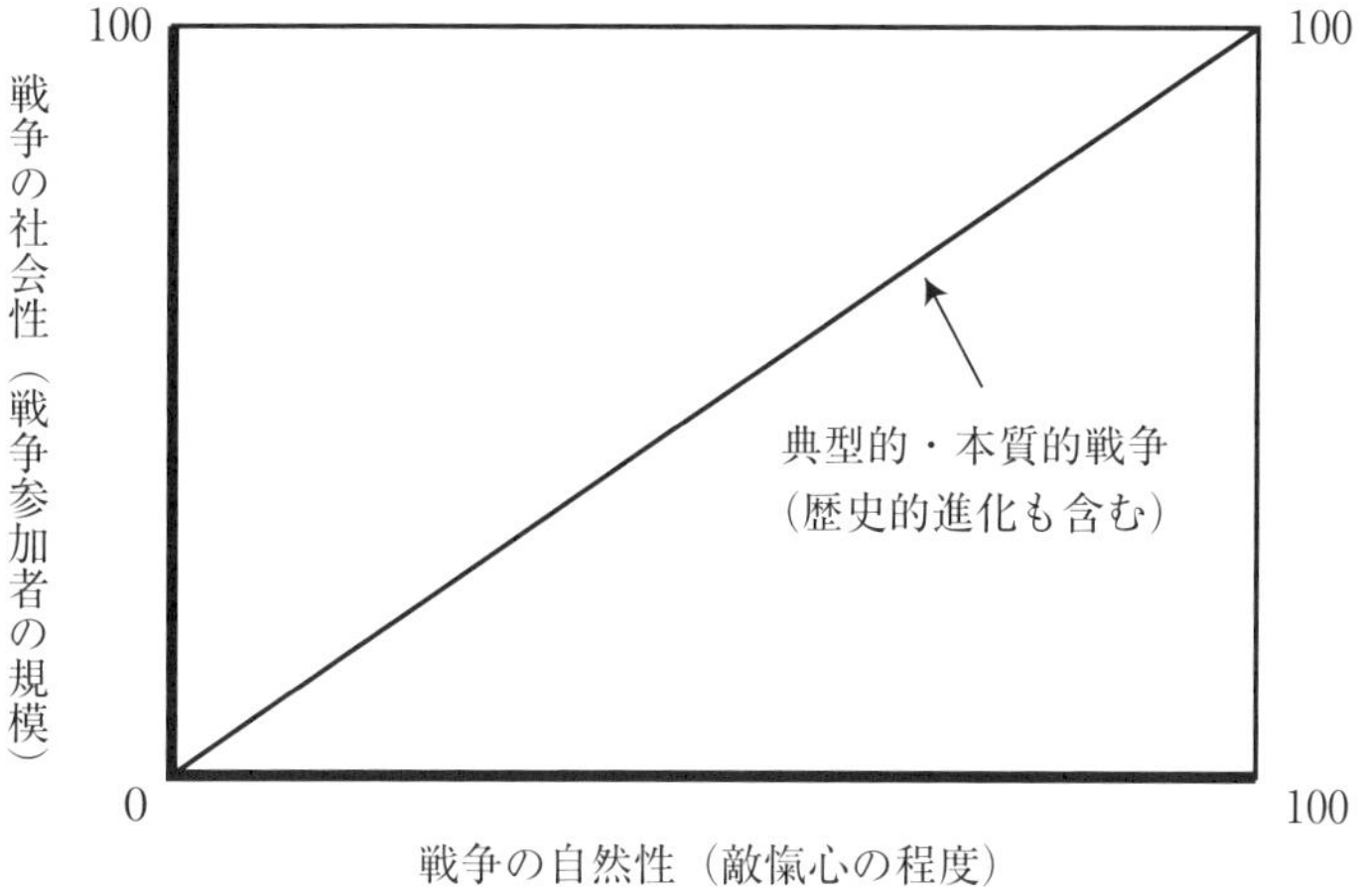

話「戦争映画などを見て胸を躍らせるのは、戦争には魔力のようなものがあるからだ」というものだけとなりました。

注意深い読者諸氏のなかには、図ｈと本講座Ｉの冒頭に掲げた図ａとの間に、少し異なっている点があることに気づいておられるでしょうが、それこそまさに、第三の戦争神話を否定するための方法論にほかなりません。

そうです、異なっている点とは〝対角線〟のことで、図ｉに示すように、「典型的・本質的戦争（歴史的進化も含む）」をあらわします。まず、そのメカニズムを見てみましょう。

先に少し言及する機会がありましたが、図ｉは０を中心にしてＹ軸（戦争の社会性）とＸ軸（戦争の自然性）から成るグラフとも考えられ、そのなかの戦争は、点としても、また面や線としてもとらえられるものです。

ゆえに0から対角の100までの線であらわされた典型的・本質的戦争とは、ひとつの戦争が0から100までエスカレートしたものとも、一つひとつの戦争がその線上に示されたものとも理解されます。

それはさておいて、その戦争が典型的・本質的であることの意味を、19世紀の戦争理論家カルル・フォン・クラウゼヴィッツ※は次のように説明しています。

「もし国民のうちに戦争に対する熱意（戦争の自然性）が実際に存在するならば、これに関連して政治的計画（戦争の社会性）もまた大規模になることは必至だからである」

平たくいえば、反目しているグループが一堂に会し、その一部が小競り合いとなり、傷ついた者がでればますます敵愾心が高まり、助太刀のために殴り合いに加わる者がますます増えるというように、戦争の自然性と戦争の社会性は正比例の関係にあるということなのです。（これは純粋理論上のことで、そうならない場合の方がむしろ多いのですが）

さて、本題である第三の戦争神話を否定するための方法論について。その方法論とは、もし**図-i**上の典型的・本質的戦争が、ひとつの戦争のエスカレーションとするなら、それを人類の戦争の歴史的エスカレーション、つまり戦争の進化としてとらえる可能性もあるのではないかという考え方なのです。

そのためにはもちろん、たがいに正比例で増大していくという二つの歴史的な指標が必要になるのですが、上記の**図-i**の二つの指標はその批判に耐えられるものなのでしょうか。

※カルル・フォン・クラウゼヴィッツ　（1780～1831）プロシア（ドイツ）の貧しい貴族の家に生まれる。士官学校卒業後、ナポレオン軍と戦う。捕虜になったこともある。晩年は『戦争論』の執筆に没頭。

まず、戦争の社会性を規定する「戦争参加者の規模」については、必ずしも厳密な意味では直線的な進化・増大が見られないとはいうものの、大まかな把握では歴史的に増大してきた傾向があるとしても、まちがいではないように思います。

ある研究者は戦争参加者ではなく、戦争による死者の観点から、それが歴史的にらせん状に増大してきた事実を数量的に実証していますが、同じ文脈で理解されるものでしょう。

戦争の自然性を規定する「敵愾心の程度」については、しかしながら、そのままのかたちでは歴史的指標とはなりえません。

もしその指標を歴史的に使うとするなら、原始人に比べて現代人の方がちょっとしたことにもキレて、殺し合いになってしまうことになりますが、これはブラックユーモア以外では的外れなものです。ではどう置き換えて考えればいいのでしょうか。

普通、敵愾心が高まれば高まるほど、相手により多くのダメージを与えようとするものですから、それを歴史的に考えるとすると、弓矢から火砲、そして核兵器の登場というように、「武器の進歩（威力）の程度」という指標に置き換えた上で、その数値が増大していくと考える可能性がありはしないでしょうか。

以下の図-jに示されるように、です。（この図は四角形に〝閉じて〟いませんが、歴史的指標のみをあらわしているからです）

【図ｊ】

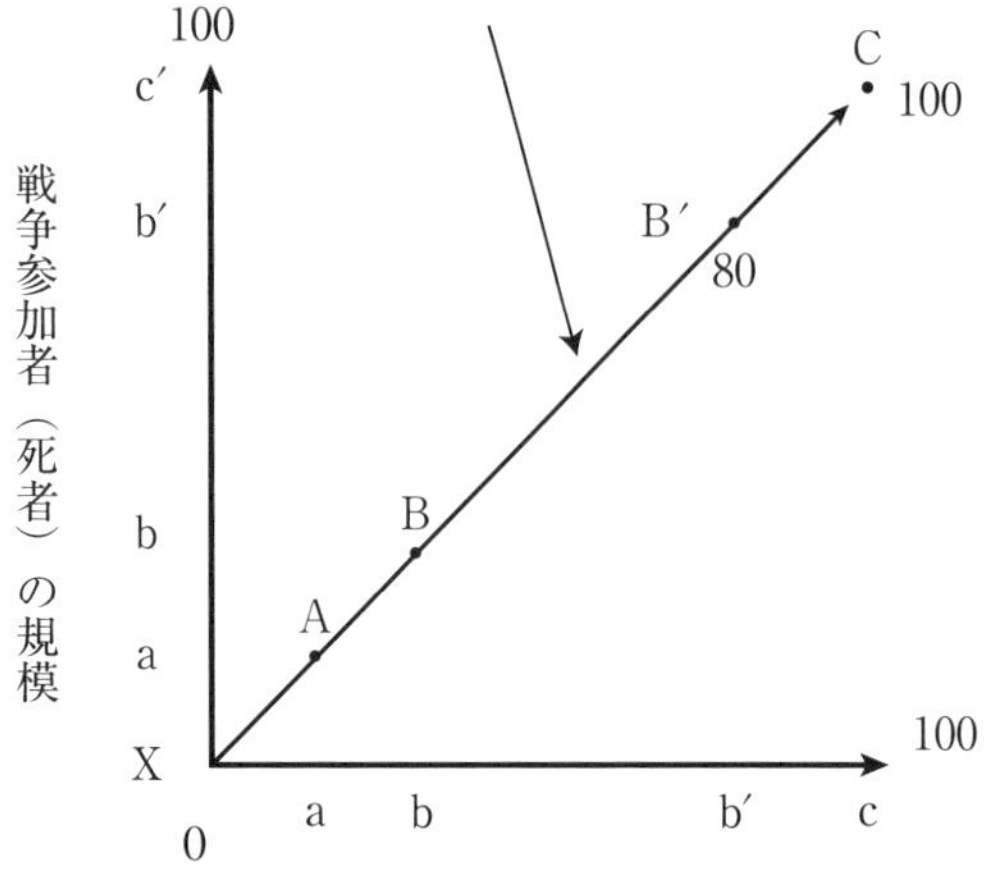

武器の進歩（威力）の程度

Ａ：弓矢による戦争の極大点

Ｂ：火砲による戦争の極大点

Ｃ：核兵器による戦争の極大点

（戦争の完全進化＝人類の滅亡）

※全面核戦争　地球上の核兵器の一部であっても大規模な核爆発が起これば、チリやすすが地球上を覆い、太陽光を遮断して、「核の冬」＝人工的な氷河期が引き起こされ、人類は死滅する。

戦争の魔力の原因

ここで最も大切なことは、戦争とは進化するものであるということです。（図・jでいえば、値0のXから値100のCへとエスカレートすること）

そして幸いにも現在まで生起していない全面核戦争※がもし起こって、全ての人間が地球上から消え去った時（値100のCの時点）、戦争は100％の完全進化をとげ、と同時にその本質である非人間性も（なにしろ地球上に誰もいなくなるのですから、これほど非人間的なことはありません）、史上初めて100％発揮されるようになるというわけです。

言い換えれば、戦争の本質は言葉の真の意味で100％の非人間性ではあるものの、過去において戦争がまだ〝未熟だった〟時代には、その非人間性も十分発揮されてはいなかったということなのです。（恐ろしいトラも、生まれたばかりは可愛いネコというわけです）

みなさん、もうおわかりでしょう。図・jのように、たとえば80％しか戦争が進化していない時代（B′の時点）では、20％の非「非人間性」、つまり人間的なるものが、その時代の戦争にはいつも顔を出しているのです。

本講座Ⅰの冒頭に述べた、あの子ども会の指導員が見て胸を躍らせた戦争映画は、そうした時代の戦争（「影武者」ならAの時点くらいですが）を扱ったもので、非人間性は低い段階ですから（さらに映画の手法として非人間的な残酷シーンはあまり描かれません）、もしそれが名作であるなら、感動するのは至極当たり前のことといえるでしょう。

そして純真な彼女は、自分が感じた感動やカッコよさ、人間臭さまでもが、本当は戦争の未熟さに由来するものなのに、だまされて戦争の奥深さや本質からくるものだと、スリカエられていることに気がつかなかったというわけなのです。

第三の戦争神話にとどめをさすため、くり返しになりますがまとめてみましょう。戦争映画を見て胸を躍らせるのは、戦争の本質そのものに観客を感動させるような人間的なもの（魔力）があるのでは決してなく、扱われる題材の戦争が多かれ少なかれ進化的に未熟な状態にあり、完全に非人間的な悪魔になりきっていないがゆえのことなのです。

とすれば、これからはみなさんも戦争映画を見て「カッコいい！」と内心思うことがあっても、決して罪の意識を感じることなく、気を楽にして思う存分映画を楽しんでいただきたいものです。

第四の戦争神話

こうして、ようやく三つの戦争神話は崩れ去ることになりました。そう思うのは筆者のひとりよがり？　読者諸氏のなかには反論したくてウズウズしている人もいるのでは？　筆者の経験からすれば、それは戦争神話を真っ向から弁護するものかもしれません。

すなわち、「戦争とはそもそも悪いものなのだろうか。自分は子どものころ、ある友達と大ゲンカした。河原で決闘して口の中を切るくらい本気で殴りあった。しかし、そのことがあったからこそ、彼と本当に心が通じ合って無二の親友となることができたのだ」

人間の争いは悪い面ばかりでなく、良い結果をもたらすこともある――。この戦争肯定論ともとれる主張は、この講座の冒頭にこそ取り上げませんでしたが、第四の戦争神話とも呼ぶべきもので、やはり人々の間に広く信じられているものです。

筆者もよく耳にしますが、直接話す機会があれば、こう反問することにしています。

「もし、その時の殴り合いで相手の片目をつぶしてしまっていたら？　言葉のケンカの場合でも、どうしても言ってはいけない一言をぶつけてしまっていたら？　その彼とは親友になれただろうか」

たいていの人は筆者が何を言いたいのか、けげんそうな顔をして、「実際そんなことは起きなかったのだから…」などと言い訳をします。そう、つまりはそういうことなんです。結果として相手の片目をつぶしてしまうようなことは起きなかった。そのことがポイントなのです。どういうことかと言いますと、その二人の大ゲンカは意識、無意識を問わず、結果として致命傷にならない範囲に収まった、つまりコントロールされていたというわけなのです。（偶然の場合は〝神の見えざる手〟によってコントロールされていたのかもしれません）

「争い」の本質はそもそもコントロールが効かないもの、すなわち無秩序です。ですから「コントロールされた争い」というのは形容矛盾であり、つまりは「争い」ではないのです。ちょうど「解明された謎」がもはや「謎」でなくなっているように。

これまでの本講座Ｉの流儀に従って、第四の戦争神話にもとどめをさしておくことにしましょう。

その二人が無二の親友となるきっかけとなった河原での大ゲンカは、争い（広義の戦争）なんてとんでもなく、たとえて言えば、青春時代のちょっと過激な競技スポーツ（儀式的闘争）のようなものであり、よって戦争から友情のようなすばらしいものが生まれるなどというのは、全くの誤解以外の何ものでもないのです。

「しつこい！」とみなさんからお叱りを受けるのを覚悟でもう一言。本講座のはじめの方で筆者は人間にも攻撃性という本能の存在を認めましたが、攻撃性は「競争心」という同じく人間が持つ本能とほとんど区別がつきません。

それゆえ、「競争」は人間社会の宿命であるには違いありませんが、それは無秩序を本質とする「戦争」が宿命であることを決して意味しません。競争が実際に戦争になってしまうこともあるでしょうし、ならないかもしれない。

とにかくそこには他の要因がかかわってくるのであって、競争が必ず戦争に変わるなどという宿命があるはずもなく、競争＝戦争では決してないのです。

（実際、「人それぞれ違うから戦争はなくならない」というようなことを子どもはよく言いますが、人間社会に宿命の「あつれき」と「戦争」との区別がつかないからでしょう。いうまでもなく問題はその「あつれき」の解決に暴力を使うかどうかなのです）

このような誤解が生まれるのは、「攻撃性」という言葉のせいかもしれません。攻撃イコール戦争という連想はもっともなことですから、学者のなかには「攻撃性」をやめて「活動性」に置き換えようとする人もいます。

この講座で何度も登場したコンラート・ローレンツが次のように述べていることからも、それは理解できるでしょう。

「（人間から攻撃性をなくしてしまえば）下は毎日ひげをそることから、上は最も高尚な芸術的もしくは科学的創造にいたるまで、ひとりの男が朝から晩までに行なう大部分の行為が姿を消すだろう」

社会レベルの戦争肯定論

さて、第四の戦争神話、つまり戦争肯定論の論争相手が、〝河原の大ゲンカから生まれた友情論〟の彼だけだったらどんなに楽でしょう。けれども世の中には戦争にも望ましい面（戦争が許容されやすくなる要素）を認めてしまう人たちがごまんといて、戦争は必要悪だの宿命だのと大合唱しているのです。

もちろん、戦争は人の死をともなうものですから、感情的には望ましい面があるなどとは認めたくないという人も多いでしょうが、〝勇気〟ある人々はおおよそ以下のような戦争肯定論を並び立てています。

A（積極的戦争肯定論） 戦争は社会に活力を与えてきた

①　戦争は人口を調整してきた。
②　戦争は文明を交流させ、文化を伝播させせた。
③　戦争は科学技術を進歩させた。
④　戦争は社会を団結させ、緊張・競争のなかからすぐれた人間力を引き出してきた。
⑤　戦争は戦場において、雄々しさ、献身、栄光などの模範をつくり出してきた。
⑥　戦争は男子の出征による女性の社会進出や、実力主義による被差別者の階層上昇を促し、社会を平等化した。
⑦　戦争は大きな軍隊を準備させ、社会の不良分子を収容・鍛錬する教育的役割を果たしてきた。

B（消極的戦争肯定論） 戦争は公権力の存在しないところでは、裁判※の役目を果たし、紛争を解決してきた

※**戦争という裁判**　「司法官も、証人も、陪審員も、傍聴人もいない、絶対不敗の裁判であり、そこで下される判決は確定判決である」（フランスの空想的社会主義者プルードン）

思想革命が必要

　このうち、Ｂに区分された消極的戦争肯定論については、いつか地球国家ができて地球上をあまねく唯一の公権力がおおうようになれば、解決する問題です。（このように言ってしまうのは簡単ですが実行するのは決して簡単ではありません。なにしろそれこそ人類の悲願である恒久平和の確立を意味するのですから）

　それゆえその意味では一時的であって宿命とはいえませんから、ここでは除きます。Ａの積極的肯定論については、しかしながら、古今東西の人間社会に広く見られるという意味で宿命と信じられているものにほかならず、読者諸氏も一度くらいは考えてみたり、聞いたりしたことのあるものばかりでしょう。

　ちょっと目にはそうかもしれないと思う。それこそ〝神話〟なのですから。しかし、これまでこの講座を真剣に受講してくださったみなさんには、もうおわかりでしょう。ここでも第三の戦争神話を論破した方法論がまた有効となるのです。

　すなわち、上に列挙した戦争肯定論は、そろいもそろって「戦争は…」などと戦争の本質を語っているように装っていますが、どれひとつとして戦争の真の姿をあらわしたものはなく、せいぜい「過去において」という副詞句をつけることによってのみ、理解できるものにすぎないのです。
「過去において」とは「核兵器の登場以前」と言い換える方が正確かもしれません。くり返しになりますが、戦争の本質は１００％の非人間性であり、それは核兵器の大量使用で地球上の全人類を完全に死滅させた時にはじめて達成されるものです。（純粋理論上では）
そうしてようやく戦争はその１００％進化しきった真の姿を地球上に出現させるのですが、その時にもまだ戦争に肯定的側面を認めようとする、戦争には望ましい面もあるなんて主張する人は……さすがにいないでしょう。自殺肯定論者を除いては。（もちろん、その時には一人も地球上にはいないわけですが）
人類史上、幸いにも戦争は一度も真の姿を見せてはいません（戦場のレベルなら全滅はよくあることです）。しかし、一瞬だけですがヒロシマ・ナガサキにおいて、その真の姿に迫るものをかいま見せたことがあります。
戦後、広島市長の浜井信三は第1回平和宣言※において次のように述べました。
「この恐るべき兵器は恒久平和の必然性と真実性とを確認せしめる『思想革命』を招来せしめた」
もうおわかりでしょう。この「思想革命」が、それまでの戦争肯定論などといったものを全て吹き飛ばしたのです。さらに言えば、この「思想革命」こそ、まさに本講座Ⅰで試みようとしていること、すなわち戦争神話の否定にほかならないというわけなのです。

※広島の第１回平和宣言　1947年に「広島平和祭」（現 広島平和記念式典）が催された際、初の公選広島市長、浜井信三により行なわれた。当時はGHQの占領統治下で、原爆投下国アメリカと微妙な関係にあった。

さて、いかがだったでしょう。みなさんにとっての「思想革命」は達成できたでしょうか。読者諸氏の忌憚のないご感想、ご批判をお願いしつつ、このへんで本講座Ⅰについては、ペンならぬメスをおくことにしましょう。

ルーマニア　1994年

レバノン　1973年

ブルガリア　1995年

京都　1980年

「戦争解剖学」講座Ⅱ

～戦争の原理を知り、現代の戦争を読み解く～

「敵を知り、己を知る者は、百戦して危うからず」――みなさんの誰でも知っている、古代中国の兵法家、孫子の言葉です。平和学を専攻している筆者が、兵法を引用するなど、ひんしゅくを買いそうですが、学生の頃、〝敵〟を知りたいと真剣に思い悩みました。敵とは、人類の5千年の歴史のなかで、いまだに廃絶できない戦争という怪物のことです。そこで本講座Ⅱではまずその怪物の正体、メカニズムを見たうえで、現代のさまざまな戦争を分析し、同時に平和への道も探っていきたいと思います。

※リデル＝ハート（1895〜1970）ファーストネームはバジル。イギリスの軍事史研究家、戦略思想家。正面からの武力衝突ではなく「間接的アプローチ戦略」で敵を無力化することを唱えた。

戦争解剖学の登場

高名な軍事理論家のリデル＝ハート※は、かつて古代ローマの格言「平和を欲すれば戦争に備えよ」を、「平和を欲すれば戦争を知れ」に変換することを提唱しました。

この言葉は「平和を欲すれば平和に備えよ」と理解してもかまいませんが、ともあれ、戦争という怪物がどのようなものであるのかを知らずして、人類が恒久平和を打ち立てることは不可能なのです。この単純な理屈が、これまであまり顧みられなかったのはなぜなのでしょう。

それは、ひとつには、社会科学の未成熟が原因として大きいといわなければなりません。戦争は社会現象であり、その解明には社会科学が大きな役割を担っていますが、人類の社会科学はいまだ、唯物論・唯心論の対立に始まって、社会唯名論・社会実在論の対立など、多くの論争に決着をつけられないままなのです。

さらには、研究分野のタコツボ化が致命的。戦争のような複雑な事象の解明には、総体的視野が何よりも求められるのに、部分的な戦争研究には光るものが多いにもかかわらず、それが全体の解明にはつながらないのです。まさに象の一部分だけから象を評す、のたとえどおりといえるでしょう。

また、戦後の日本の状況に限ってみますと、先の大戦のあまりの惨禍に、軍事の研究をタブー視する風潮が蔓延したことも、その原因のひとつとして否定できません。この認識は筆者だけのものでしょうか。筆者と同年輩の二人の方にご登場願うことにします。

「ともすれば第2次世界大戦後の日本では……軍事や戦争にかかわることがらを忌避するあまり、過去の歴史時代についてもそれが投影された」（歴史家　杉山正明）

「戦後の日本では、15年戦争をもたらした軍国主義に対する反発と、侵略と敗戦の経験が、戦争に対する一般的、および学問的態度に微妙な影響をおよぼしているようにおもえる」（人類学者　栗本英世）

読者諸氏の多くもおそらくうなずいておられるでしょう。やはり、このような風潮は確かに戦後日本に存在するのです。

しかし、くり返しになりますが、戦争を知るためには総体的視野が何より必要で、軍事に嫌悪感があるからといって民衆や被害者からの視点のみでは、戦争の全体像は見えてはきません。軍人・軍隊について考究する、一部の読者からは右翼チックと思われている〝ミリタリー研究〟もぜひとも必要なのです。

しかしながら、もちろん時代は進みます。社会科学は進歩し、学際的研究も盛んになり、軍事タブーの風潮も後退しつつあります。戦争を怪物にたとえるにしろ、象にたとえるにしろ、今ようやく、そのメカニズムを解明する〝戦争解剖学〟の登場しやすい環境が、整い始めたのです。

クラウゼヴィッツの絶対的戦争

さて、戦争のメカニズムはどこまで解明されているのでしょう。戦争の本質については、カルル・フォン・クラウゼヴィッツ（1780－1831）ほど雄弁な学者はいません。クラウゼヴィッツとは、ナポレオン戦争期に活躍した、軍人にして思想家だった人です。

極論しますと、戦争のメカニズムはすでに彼が全部解き明かしているといってもいいほどなのです。ではなぜ、現代の多くの者は、おそらくみなさんと同じように、戦争とは何か、なぜ起こるのかについては、依然としてあまり多くを語れないのでしょうか。

それは何といっても、クラウゼヴィッツの思想の集大成である『戦争論』※が、あまりに難解で、世間一般には正しく理解されていないことによります。一例をあげれば、「戦争とは他の手段（武力）をもってする政治の延長である」という、彼の最も引用される定義だけで、彼の思想を理解しようとする傾向があることです。

それがまるで彼の唯一の戦争に関する定義のように巷間伝わっていますが、『戦争論』には「戦争とは敵を屈服させて自己の意思を実現するために用いられる暴力行為である」という定義や、「戦争は拡大された決闘にほかならない」というものまで存在するのです。

最初の定義だけでは、戦争における社会性のレベルの違いを示唆した、彼の奥深い思想を読

※クラウゼヴィッツの『戦争論』　クラウゼヴィッツの死後、妻マリーによって出版された。他の職業軍人による書との相違は、戦術論・戦略論だけでなく、戦争とは何かについて説いている点である。

み取ることはできません。

しかし、クラウゼヴィッツの戦争理論において、最大の誤解をまねくものは、「絶対的戦争」の概念でしょう。彼は戦争に、暴力の無限界性という性質を見い出し、それだけを純粋にもっている戦争のことを「絶対的戦争」と呼んだのです。

このことから一般には、クラウゼヴィッツは戦争主義者ともいうべき人物とみなされるようにすらなってしまいました。たとえばベトナム戦争の絶頂期、戦場のすさまじい破壊の跡に立った、あるＴＩＭＥ誌の記者は「戦場にクラウゼヴィッツが持ち込まれた」と記しているほどです。

クラウゼヴィッツの真意は、しかしながら、絶対的戦争は現実には起こらないものであるという趣旨にあるのです。これは慣性の法則の比喩を使えば、理解しやすいかもしれません。すなわち、もし戦争を空に向かって投げられるボールにたとえると、理論上は慣性の法則によってどこまでも飛んでいく（つまりエスカレートする）ことになりますが、実際には空気摩擦や重力によって、ボールは弧をえがいて落ちて（終結して）しまいます。

この比喩上の空気摩擦や重力にあたるものが、諸種の政治的駆け引き（戦争の社会的要素）であって、戦争は人間のもつ自然の感情である憎悪・敵愾心（戦争の自然的要素）によって、殺戮しつくすまで終わらない性質を本来的にもっているものの、現実には途中で終結してしまうというわけなのです。

思想家小山弘健※が言うように、「(クラウゼヴィッツ)の戦争観の真の特徴は、それが一つの社会的歴史的現実として、自然的契機(要素)と社会的契機との統一のうちに把握されているところにある」のです。

それゆえ、一面だけをとらえての戦争観は、混乱したものとなるのもむべなるかな、といったところでしょう。(その小山も結局、戦争の社会的要素の方に決定的意義を見い出してしまい、一面論理に陥ってしまったのですが)

戦争解剖学の概念図

このへんで、他人の批判ばかりしていないで、そろそろ自分の戦争観を提示してみようと思います。筆者はクラウゼヴィッツによる戦争の本質に関する思想を理解しやすくするため、図kのような概念図を使うことにしています。

クラウゼヴィッツによれば、戦争とは第一に、「主として国民に帰する」性質である「自然的本能とさえ言えるほどの憎悪と敵意とを伴っている」もので、第二に、「もっぱら政府に帰する」性質の「政治の道具であるという従属的性質を帯びるもので…もっぱら打算を事とする知力の仕事になる」ものとされます。

要するに戦争には、前述の小山の言のように、①自然性と②社会性(クラウゼヴィッツの言葉

※小山弘健　(1912～1985)歴史学者。大学でも教えていた。マルクス主義、労働・社会運動史、軍事技術史の研究で知られる。女優の小山明子は姪である。

【図k】

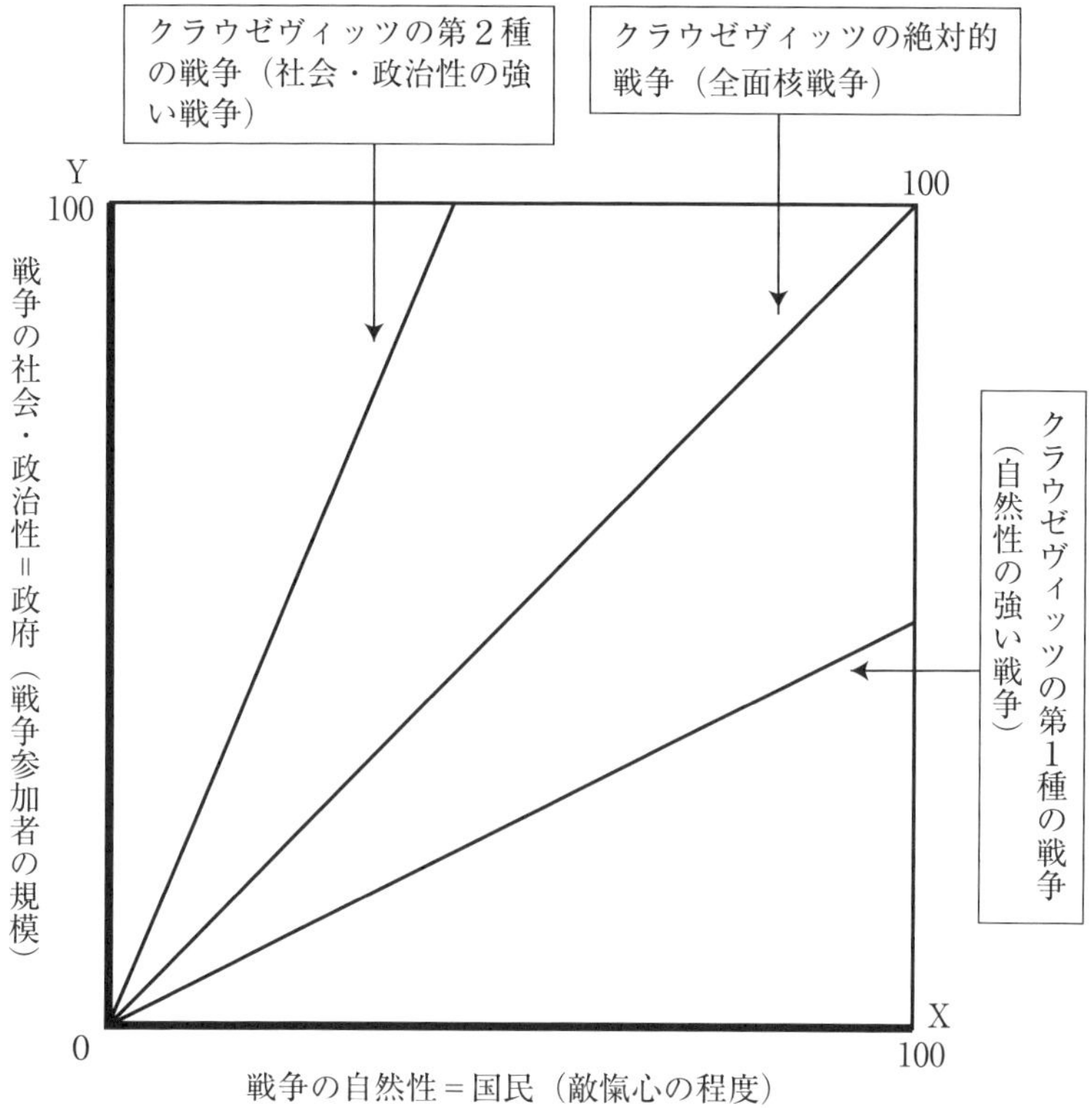
クラウゼヴィッツの第２種の戦争（社会・政治性の強い戦争）
クラウゼヴィッツの絶対的戦争（全面核戦争）
Y
100
100
戦争の社会・政治性＝政府（戦争参加者の規模）
クラウゼヴィッツの第1種の戦争（自然性の強い戦争）
0
X
100
戦争の自然性＝国民（敵愾心の程度）

※戦争の二つの性質　クラウゼヴィッツは職業軍人であるから、戦争の本質に関して将軍や兵士の「自由な心的活動」の側面も重要視し、三つの性質をあげているが、本書ではその側面には触れていない。

では政治性）という二つの性質※が存在することになります。それが、図kの0を中心とした横（X）軸と縦（Y）軸に示されているものなのです。

クラウゼヴィッツはさらに、国民に属する「戦争の自然性」と政府の領域である「戦争の社会（政治）性」とのあいだに、一般には正比例の関係がみられることも指摘しています。「もし国民のうちに戦争に対する熱意が実際に存在するならば、これに関連して政治的計画もまた大規模になることは必至だからである」と言うのです。（44ページ参照）

それゆえ、彼に従えば、全ての戦争は純粋理論上、図kの真中の対角線のように、0から100にエスカレートし、現代においては全面核戦争＝人類の滅亡に帰結することになります。これが「絶対的戦争」なのです。

もちろん、前述のように、現実には戦争のエスカレーションはストップするし、自然性や社会性の一方だけが色濃く出る戦争の方がむしろ多いことはいうまでもありません。それが、彼の言葉でいえば、第1種と第2種の戦争であるというわけなのです。

戦争解剖学において使用される、図kのような概念図は、このほかにも特定の歴史上の戦争を点で位置づけたり、戦争の典型例を範囲で示したりすることができます。（ご興味のある方は拙著、『戦争と平和の「解剖学」』を参照してください）

このような図解が、戦争のような複雑で難解な事象のメカニズム分析において、少しは一助となる可能性があると筆者は信じているのですが、みなさんはどう思われるでしょう。

それではその、戦争解剖学を使って、現在世界中で起こっている戦争・紛争を分析してみるとどうなるかを見ていきましょう。まずは衝撃的だった、いわゆる9・11から。

レバノンの少年兵訓練キャンプ　1973年

9・11は新しい戦争？

21世紀の幕開けの年、2001年9月11日にアメリカで起こった同時多発テロは、世界の人々を震撼させるに余りあるものでした。多くの人々は新世紀もまた戦争の世紀となってしまうのではないか、という予感で、暗澹たる気持ちになったに違いありません。

このテロに対し、ブッシュ大統領がいち早く、「他に類をみない戦争（War like no other）」という言葉を使ったように、多くの識者が9・11は「全く新しい戦争」であるという見方を示しました。

当時の論壇誌などから気づいただけでも、「超世界戦争の始まり」（柳田邦夫）、「世界テロ戦争の一環」（立花隆）、「新しい型の戦争」（石原慎太郎）、「アイデンティティをめぐる新しい戦争」（M・カルドー）、「擬似戦争」（S・ハンティントン）、「実体のない戦争」（P・ヴィリリオ）などなど。なんと、ニューヨーク・タイムズのある記者は「第3次世界大戦が始まった」と書いたそうですが、これらの見方は、ネーミングはさまざまでも、9・11同時多発テロは〝全く新しい質の戦争〟と把握している点では全て同じなのだといえます。

しかし、9・11は本当に〝新しい戦争〟なのでしょうか。筆者のこの疑問は、幼い頃からの少しひねくれた性格によるものだけではなく、戦争解剖学から正当に導き出された結論でもあるのです。ここでは、9・11より数十年さかのぼって、検証してみましょう。

国と国が戦争をし、一方が勝者となって他方を占領する。こんな古典的イメージの戦争は、第二次世界大戦の終結とともに、ほとんど姿を見せなくなってしまいました。冷戦が始まってからは、戦争は全面的なものから制限的なものへと変化をしていったのです。

ベトナム戦争はその典型といえます。当時のアメリカにとって、戦域を限定（地上軍は17度線を越えられない）され、使用する軍事力を制限（核兵器は使えない）しなければならない戦争は「全く新しい戦争」だったのです。

そのため軍事理論家たちは、ベトナム戦争を「限定戦争」、さらにそこで戦われているゲリラ戦を「副限定戦争」などと呼び、その〝新しい事態〟を理解しようとしました。

しかし、その後、戦争はますます小さくなっていき、１９８６年のアメリカによるリビア爆撃事件などは、これは戦争なのかどうか、と再び頭を悩ますこととなってしまいました。

そこで、従来のゲリラ戦をも含み、テロ、人質救出や麻薬撲滅などの特殊作戦※にいたるまでをその範囲に収めた、「低烈度戦争（Low Intensity Warfare）」という用語が、80年代から頻繁に使われ始めたのです。

すでにこのことから、みなさんもおわかりでしょう。９・11同時多発テロは、現在使われている「低烈度戦争」という概念で十分把握できるもので、ことさら「全く新しい戦争」などと言う必要性はどこにもないのです。

「いや、3千人以上ともいわれる死者の数は、低烈度とはいえない」と反論する読者もいるかもしれません。しかしながら、低烈度戦争であっても、長期にわたる場合には、死者の数は決して少なくないのです。

ある研究者はグアテマラの例をひき、10万人の死者が出たと計算しています。もちろんそのなかにはアメリカ人の死者は、入っていてもごくわずかでしょうが。

どうもこのへんに〝新しい戦争〟説のルーツが潜んでいるようです。つまりアメリカ人の死者の観点からは、確かに9・11ほど多くの犠牲者を出した低烈度戦争は初めてであり、その意味でのみ、９・11は「全く新しい戦争」でありえるのです。

※麻薬撲滅の特殊作戦　1989年に起った米軍によるパナマ侵攻がその典型。パナマの支配者ノリエガ将軍の権力基盤であった麻薬ルートを断つための作戦とされる。米軍の死者は24人。パナマ側は千人弱。

寝耳に水でアメリカの中心部がやられた9・11。世界を牛耳るアメリカの論壇はヒステリックに反応してしまいました。しかし、それだけで〝新しい戦争〟が生まれてしまうなどということは、冷徹な論理を身上とする戦争解剖学とは相容れないことなのです。

戦争解剖学の可能性

さて、論壇の主流に少しばかりの反論を試み、得意となっているレベルの筆者と違って、なんと9・11同時多発テロを予言するほど、戦争の原理に通じた学者がいることをご存知でしょうか。9・11当時は東京国際大学教授だった、軍事評論家の前田哲男※のことです。

前田は9・11の三年前、アフガニスタンやスーダンにあるとされたアルカイダの基地に対し、アメリカがミサイル攻撃を行なった際、朝日新聞紙上に「戦争概念拡大した米国」と題した一文を書いています。

そのなかで、グレナダ侵攻（83年）やパナマ侵攻（89年）などの低烈度戦争においても、とにかく相手は国家という限界は守られていたのに、今回のミサイル攻撃によって、交戦権が対個人にも適用され、低烈度戦争の概念が拡大してしまった、と論じているのです。前田の分析はさらに続きます。

「アメリカはソ連という対抗者がいなくなった〝唯一超大国〟の安心感に加え、精密誘導

※前田哲男　1938年生まれ。専門は軍事・安全保障論。元長崎放送記者。重慶爆撃の被害者への支援活動などもしている。著書に『戦略爆撃の思想―ゲルニカ－重慶－広島への軌跡』などがある。

兵器がもたらした〝絶対安全位置〟の優越感に立って、戦争概念の拡大に踏み切った。…しかし、この優越と自信は半面、戦争行為における加害者と被害者の関係性消滅、極度に知覚の麻痺した殺戮というおぞましい近未来をも告げている。それがいつの日か、アメリカに向かわない保障はない」

この前田の分析は、9・11になって初めて、国家対個人・私組織の戦争が起こった。ゆえに9・11は「全く新しい戦争」である（これは二つ目の〝新しい戦争〟説の根拠です）、とする論壇の主流が正確ではないことを見事に明らかにしています。

前田はクラウゼヴィッツのみならず、孫子、石原莞爾※、ロジェ・カイヨワなどの戦争理論にも造詣が深いそうです。すなわち、戦争の原理を知る、戦争解剖学とは、このような精緻な分析と、さらには予言まで行なえる可能性を秘めているといえるでしょう。

テロの4大原型

ところで、〝新しい戦争〟なのかどうかを考える前に、9・11同時多発テロは戦争ではなく、「犯罪」として把握すべきだという議論もあります。その論者によれば、「反テロ戦争」は警察行為のようなものとして認識されるのです。

また、テロといえば、小規模で非合法というイメージがありますが、「国家テロ」などという

※**石原莞爾**　（いしわら かんじ 1889～1949）日本陸軍の軍人。最終階級は中将。関東軍参謀として満州事変の首謀者だったが、後に東條英機と対立。「世界最終戦論」など軍事思想家としても知られる。

※宮坂直史　（みやさか なおふみ）1963年に生まれる。専門は国際政治学、安全保障、軍備管理、テロリズムの研究。1999年に防衛大学校に移り、2008年より同大学校教授となる。

言葉も最近はよく耳にします。この場合は、大義がなく、無差別の攻撃をともなう戦争、というほどの意味合いで使われることが多いようです。

ことほどさように、現在の戦争、紛争がさまざまに呼ばれていれば、戦争解剖学としては、これを整理しないわけにはいきません。

防衛大学校の宮坂直史※教授は、『国際テロリズム論』のなかで、二つの指標、すなわち「紛争の強（烈）度または使用される武器の破壊力」と「国家の相手となるアクターの組織化の度合い」を用いて、現代社会の諸暴力の位置づけを試みました。

それをベースにして、本講座で使ってきたものと類似のタイプの概念図であらわしたものが**図Ｉ**です。（縦と横の両軸の指標は、たとえば図ｋのような「戦争の社会性」や「戦争の自然性」とは異なっていることに注意してください）

中央のテロと書かれた円形が点線となっているのは、テロという概念は限定することがむずかしく、実に図全体に広がっているといっても過言ではないことを意味しています。

テロとは、宮坂教授によれば、「適度な組織化と適度な武装という点で……中間の円内部分に収まれば型通りであろうが、実際には、ほとんど戦争と言って差し支えない（Z）、国家が関与する暗殺などのテロ（Y）、通常の犯罪との区別が曖昧になる（W）、個人の犯行でも大量破壊兵器など極めて重大な事態をもたらす（X）など…広範囲にわたる」という性質を持っているものなのです。

【図1】

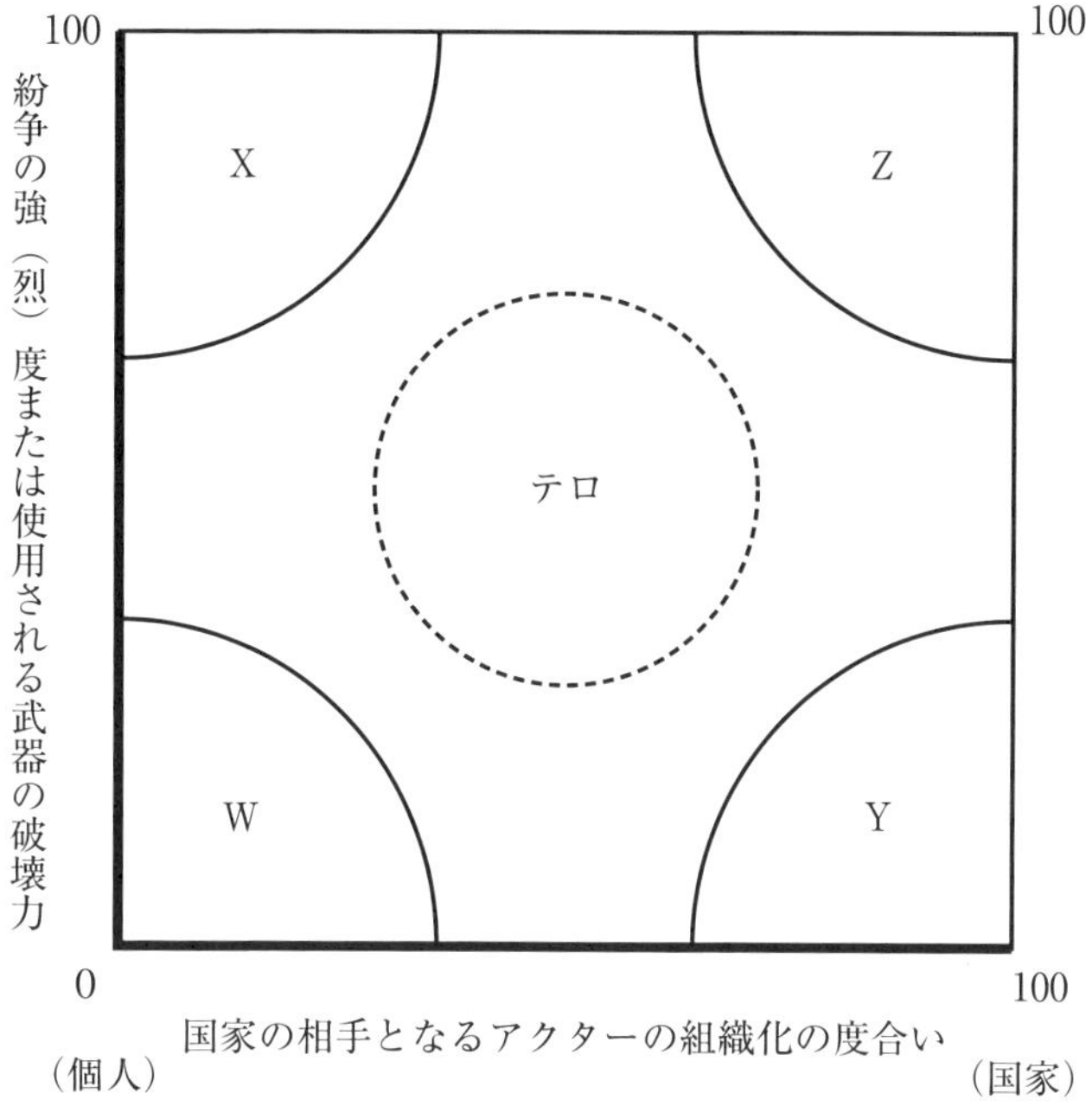

X：個人・小グループによる大量破壊兵器テロ

Y：国家機関・国家支援による要人の暗殺

Z：大組織による大規模テロ――戦争

W：個人・小グループによる銃撃、爆弾テロ――犯罪

グローバル化のなかの9・11

ところで、9・11を図1に位置づけてみると、普通に考えればZの付近（戦争に近いもの）となりますが、読者諸氏のなかには、それでは前述の、9・11を犯罪と考える論者たちはどういう認識なのか、いぶかられる方もいるでしょう。なるほど犯罪であるならWの近くとなるはずです。

それは実は、彼らが横軸で示された「アクターの組織化の度合い」100という数値を、主権国家を超えたものとして認識しているがゆえのことなのです。

では、主権国家を超えるものとは何でしょう。それに答えるためには、筆者にとってお叱りを覚悟しつつ、ついに前言を撤回しなければならない時がきたようです。

筆者は先に、9・11は本当に〝新しい戦争〟なのだろうかという疑問を提出しました。そして9・11はあまりにインパクトの強い事件であり、ヒステリックにとらえられがちだからこそ、冷静に戦争を解剖するがごとく考えなければならないと論じました。

その趣旨は今もいささかも変わっていませんが、ここで、やはり9・11は大きな時代の流れのなかでは〝新しい戦争〟と呼ぶ方が適当なのだ、というふうに主張を変えてみたいと思います。

大きな時代の流れとは、人類社会が今、新しい段階に入りつつあるということを意味しています。それは、いわゆるグローバル化の波が、世界の隅々にまで押し寄せてきているということにほかなりません。

グローバル化とは、平たく言えば世界がひとつになる、すなわち国際政治の主役を独占していた主権国家たちがだんだんその機能を失い、それらの上に新たな公権力が築かれつつある現象のことです。

その顕著な例がユーゴスラビアでのできごとでした。本来、国内問題であって外国からは手出しされないはずのコソボ紛争に介入され、そのうえ自国の大統領が戦犯裁判にかけられたことは、主権国家というものが変質しつつあることを多くの人に印象づける結果となりました。

90年代に入って「人間の安全保障」という考え方が注目されるようになったのも、グローバル化にともなう現象として理解できます。これは従来の「主権国家の安全保障」という概念に必ずしも取って代わるものではないとはいうものの、やはり新しい時代に付随するものといえます。元外務次官の小和田恆※は次のように述べています。

「それぞれの国家が、国家の安全保障を確保するのは、国民に対する責任だ。しかし、それだけでなく、国家を構成する国民一人一人の人間としての安全をどうすれば保障できるのかということが、今日、安全保障を考えるときの基本的な枠組みになってきている」

※小和田恆　（おわだ ひさし）1932年生まれ。外務事務次官、国連大使、日本国際問題研究所理事長、日本人初となる国際司法裁判所所長などを歴任。雅子皇太子妃の実父である。

9・11は内戦？

このように、グローバル化がこれだけ進展しているにもかかわらず、主権国家を超えたもの、すなわち世界連邦・地球国家がいまだ成立していないことこそ、現在の世界の紛争、テロなどの原因にほかなりません。

なぜなら、もし地球国家が成立すれば、先進諸国の国内をモデルにした、対立を戦争に発展させることなく議会での論争に置き換えるような、平和な社会を世界中に広げることが可能となるからです。

しかし現在はその途上にあるにすぎず、平和に向かうどころか、いくつかの異なった文明間の衝突により、戦争が〝グローバル化〟されてしまうという学者たちの有力な説も多く見られます。

先に紹介した、9・11を「実体のない戦争」と呼んだポール・ヴィリリオ※もそのひとりでしょう。彼は9・11を「第一次世界内戦の始まり」と位置づけ、人類社会は「初めての地球規模の内戦」の時代へと突入したと論じています。

筆者にはヴィリリオの予測は悲観的すぎるように思えるのですが、それはさておき、彼の「内戦」という考え方からしても、9・11は新しい時代の新しい戦争と呼ぶべきものであることが

※ポール・ヴィリリオ　1932年生まれ。フランスの思想家。「速度術」により、都市計画、建築から政治、軍事まで幅広く論じている。アルジェリア戦争（1954－1962）に従軍経験がある。

わかるでしょう。

ヴィリリオには、思わず「内戦」という言葉を使ってしまうほど、地球国家の成立した姿がすでに見えてきているのです。

地球的規模の帝国

さて本講座Ⅱにおいて、これまで、まず戦争のメカニズムを学んだうえで、現代の様々な戦争の代表格、9・11を分析してきましたが、みなさんはどう感じられたでしょう。戦争の分析・分類ばかりで、戦争を防ぎ、平和な社会をつくるための処方箋が示されていない、というご批判もあるかと思います。

平和学者児玉克哉が言うように、平和学とは「希望を創りだす学問」であるとしたら、筆者も平和学を専攻しているのですから、何か将来の平和のヴィジョン、具体的には地球国家への道について提言をする必要があります。

もちろん、それはそう簡単ではありません。平和学に対する批判のひとつに、「遠い未来と現実の混同」というものがありますが、現時点で軽々しく地球国家に言及すれば、まさしくそれだと指摘されるのがオチでしょう。

しかしながら２０００年の時点で、その地球国家がすでにできていると書いて、世界的な反響を呼んだ本もあるのです。

アントニオ・ネグリ※の『帝国』がそれです。もちろんその〝帝国〟は、現在の主権国家のような、純粋に政治的権力のものではありませんが、多国籍企業や国際金融資本などがグローバルな市場を支配しているさまを、ネグリは〝帝国〟と呼んだのです。

すでに90年代から「主権国家は政治的単位にすぎなくなり、文化的には広すぎ、経済的には狭すぎる」といわれていましたが、経済の分野はやはり地球国家への〝春一番〟だったというわけです。

『帝国』という書は実にさまざまに解釈され、〝21世紀の共産党宣言〟と呼ばれる一方で、アメリカ国民のあいだでは、〝帝国〟が一極支配の米国とみなされ、プライドをくすぐられているといった話もきこえてきます。(中国が追い上げるほどその心理は高まるでしょう)

『帝国』のなかで最も重要な点は、しかしながら、地球上のことを一単位として考えること、言い換えれば地球国家のパラダイムを初めて提示したことにある、と筆者は考えています。

としますと、そのパラダイムにそって見ていけば、ソ連崩壊後の世界情勢は、もし一つの会社にたとえるなら、さしずめ労働組合(ソ連)がつぶれてしまって資本の側(アメリカ)が勝手放題にやっている状況という分析になります。

それではいけないというので、NGOなどが世界社会フォーラムという〝自主管理労組〟を立ち上げ、資本の側をさまざまに規制しようとしているのだとも考えられます。

※アントニオ・ネグリ　1933年生まれ。イタリアの哲学者。マルクス主義やフランス構造主義の影響を受けている。「赤い旅団」の幹部として逮捕歴もある。マルチチュード概念で世界的に知られる。

地球国家の市民

ところで、ネグリは『帝国』のなかで、「群集（マルチチュード）」が〝帝国〟の変革の主体であるとしていますが、「群集」とはどういう人たちのことでしょうか。国際政治学者の武者小路公秀は、以下のように説明しています。

「あるテレビ番組では、いろんなデモをやっているのが群集だという解説がされていました。けれども、デモにでている人たちはかなり市民的な人たちで、ネグリがいっている群集、マルチチュードとは違います。彼がいう群集というのは、具体的には非合法入国をした人たちとか、労働組合を組織してない、いわゆるインフォーマル・セクターの日雇い労働者とか、ホームレスとか人身売買の被害者のセックスワーカーたちです」

武者小路の説明を、前述のパラダイムで読み解けば、現在の〝地球国家〟は大別すれば、①資本家　②市民　③底辺労働者の三層から成り立っていることがわかります。であるとするならば、その社会における平和への道とはいかなるものでしょう。

一般にひとつの社会において、支配階層と被支配階層のあいだに存在する、中間層と呼ばれるものが大きければ大きいほど、その社会は安定するとされています。その社会法則に従う時、現在の〝地球国家〟においては、中間層である市民層の拡大こそ、社会の安定、すなわち紛争やテロを防ぐ方法であるとする結論を導けないでしょうか。

もちろん、それは市民層の量的拡大だけではありません。質的成熟、つまり資本家に取り込まれず、底辺労働者の変革へのエネルギーを理解しつつ、その先鋭化を吸収してしまうような、成熟した市民層でなければならないのです。

本講座の読者諸氏は、その候補生ばかりではないでしょうか。筆者は自分を含めて、そういう人々のことを「地球市民」と呼びたいのです。一人ひとりが、国境や人種にまどわされることなく、地球上に住む人間、地球人であるとの自覚をもたんがために。

もし、そういう地球市民が地球国家の圧倒的多数を占めるようになれば、人類5千年の歴史のなかで初めて、戦争は永遠にその姿を消すことになるでしょう。

地球市民の宗教

将来の平和のヴィジョンを軽々しく口にしない。先にそう述べた筆者の舌の根も乾かないうちに、どうやら性急な議論の展開になってしまったようです。

地球上には多種多様な民族、宗教などが存在するにもかかわらず、地球市民として大同団結し、地球国家の圧倒的多数を占めるということは、とりもなおさず平和の実現そのものですから、これは「平和が実現すれば平和になります」と答えているようなもので、一種のトートロ

※山崎正和　1934年生まれ。劇作家。大阪大学名誉教授。東亜大学学長。政治思想、文明論についても多くの発言がある。政治的には現実主義の立場で、自らを「文化的保守」と呼んでいる。

ジーに陥ってしまっています。

もっと具体的に地球国家の諸条件を示していかなければ、みなさんの納得は得られないでしょう。そこで一見関係ないように思われますが、２００５年7月31日の読売新聞のコラムに載った、評論家山崎正和※の「戦後日本」についての議論をここで紹介してみたいと思います。何かヒントが得られるかもしれません。

山崎によると、戦後日本が達成した思想的成熟は　①政教分離　②ナショナリズムの克服　③カリスマの不要、の三つの点で特徴づけられるとされます。そして戦後の日本において、大宗教、大イデオロギー、大指導者に頼ることなしに、「1億人以上の国民が60年の安定を保ったことは、奇跡に近い」とも論じているのです。

なるほど、それら三種類のものなしに多くの人々が統合されるのは普通、無理な相談です。では、その代わりに何が統合の原理になったのでしょうか。そんな魔法のようなものがあれば、多様な民族、宗教から成る地球国家統合のヒントになりえます。

それは何なのでしょう。山崎は自信をもって答えます。それは、常識の体系である「市民宗教」なのだと。

なるほど、このあたりから、たとえばかつてのイラクをめぐる情勢なども理解できるかもしれません。２００５年といえばイラク戦争が泥沼の様相を呈し始めていた年ですが、アメリカにとって決して悪いことばかりではありませんでした。

同年に行なわれた国民議会選挙。多くのイラク国民がテロの脅しに屈せず、投票所に足を運んだのです。これはアメリカによる民主主義の勝利と見なされ、「ブッシュ（ジュニア）は正しかったのか」という特集を組む新聞まであったほどでした。

キリスト教とイスラム教という大宗教の宿命的激突、そのうえ、ウソから始まった開戦というおまけまでついている絶望的な状況のなかで、なぜイラクの人々は大変な危険を冒してまで投票に行ったのでしょう。

それは自分たちの代表を自分たちで決めるという〃常識〃ではないでしょうか。それはどんな宗教を信じているかにかかわらず、普遍性をもつものであることは明らかです。

そしてこの常識の体系であり、普遍性をもつ市民宗教こそ、将来の地球市民階層が身につける（信じる）べき〃宗教〃であると筆者は考えているのです。

もし、そんな市民宗教の信者が地球上にあふれかえれば、必ずや多様な人々を統合する〃接着剤〃の役割を果たし（宗教はセメントのようなものとはよくいわれることです）、平和な地球国家がついに実現することになるでしょう。

人の痛みのわかる学問

常識を地球市民の宗教とすること。地球国家の諸条件のひとつとして挙げてみましたが、いかがでしょうか。読者諸氏のなかにはこれでも〝軽々しい〟と思っている人も多いのでは？なるほど、地球上の多種多様な文化・文明を考えれば、〝常識〟といっても果たして普遍性をもつものだろうか。常識も国によって変わるのでは？

この疑問はもっともでしょう。筆者はそれゆえ、それに対しては、「〝痛み〟を常識の基準とすること」を提案しています。

確かに〝良いこと〟とか〝幸せ〟については、様々な文化の下に暮らす地球市民の間では相違の幅が少なくないでしょう。世界は広いのですから。しかし、〝痛み〟や〝辛いこと〟は人間である限りそう違わないのではないでしょうか。

〝痛み〟を基準とする常識を宗教として定着させることによって、地球市民が互いに共感を持つ。そうなればしめたもの、地球国家まであと一歩というところです。

現実世界から、そのような事例を拾ってみましょう。印パ積年の係争地、カシミール※で起こった２００５年10月のパキスタン北部地震では、なんと武器をほっぽり出して互いに助けあうという現象が見られました。

堅く閉ざされていた国境線（停戦ライン）が開放されたのです。その後、多くのテロ事件にもかかわらず、その友好ムードは維持されていきました。このことは地震被災という共通の〝痛み〟を彼らが感じているからにほかなりません。〝痛み〟についての常識はイスラム、ヒンズー両宗教の間でも同じだったというわけです。

※カシミール紛争　インド、パキスタン、中国が国境を接し、それぞれが領有権を主張するカシミール地方における未解決の紛争。インドはパキスタンと３度（印パ戦争）、中国とは１度、戦争をしている。

先に筆者は、平和学は「希望を創りだす学問」であると述べました。このような事例を見るにつけ、それにも増して「人の痛みのわかる学問」でもなければならないとつくづく思うのです。

地球市民宗教の霊性

ここで、これまで述べた「地球市民宗教」の特徴についてまとめたいと思います。まず、それは何よりも常識の体系であること。そしてその常識は、人類の最大公約数的な〝痛み〟を基準にして推し量られること。そうすることによってこそ、我々は地球市民としての共感をもちあえるのではないかと論じてきました。

最後に、いやむしろ最初に言及しなければならないものかもしれませんが、地球市民宗教といっても宗教には違いありませんから、当然ほかの宗教がそうであるように、霊性（スピリチュアリティ）をもっていることです。それはどのようなものなのでしょうか。

1992年に交響曲第1番として公開され、回を重ねている「地球交響曲（ガイアシンフォニー）」という映画がその示唆を与えてくれるでしょう。このオムニバス形式のドキュメンタリー映画は、地球をひとつの生命体として考える、ジェームズ・ラブロックの「ガイア仮説」に基づいていますので、その思想性は地球市民宗教にぴったりというわけです。

監督の龍村　仁※は特にその交響曲第4番で、霊性（スピリチュアリティ）について雄弁に語っています。

「霊性とは、自分の生命がガイアという地球の大きな命のなかの一部分として生かされているという実感のことである」

もう少しやさしくいえば、つまり我々がガイアという地球生命体に包まれているような、そんな感覚のことでしょうか。ちょうど筆者が亡き父の形見である背広を羽織っている時、何か父に包まれているような温かさを感じますが、そんな感覚のような。

龍村はさらに、「21世紀は人類のあらゆる営みの背後に柔らかい霊性が求められる時代になると思う」と述べ、次のように結びます。

「この霊性が持つ実感に裏づけられた小さな一人ひとりの営みこそが、地球の健やかな未来を創造していく」

映画「地球交響曲（ガイアシンフォニー）」は何章もつくられていますが、どの章を観ても決してみなさんの期待を裏切りません。きっと、遠くない将来に予定されている地球国家。そのバックボーンたる、地球市民宗教の霊性（スピリチュアリティ）を映画館で感じることでしょう。

※龍村　仁（たつむら じん）1940年生まれ。ドキュメンタリー監督。元ＮＨＫディレクター。自らが企画・制作した番組が再編集されたことをめぐってＮＨＫの姿勢を問い、フリーとなった。

魂の知能指数

霊性という言葉を使ったとたん、地球市民宗教もぐっと〝宗教〟らしくなってきました。けれどそうなったらそうなったで、読者のみなさんのなかには拒否反応をもつ人も増えてくるのかもしれません。宗教は誤解されやすいものだからです。

特に、オウム真理教の事件以来、よくあるのが新興宗教とカルトとの混同。ですから、〝地球市民宗教〟なんて聞きなれない宗教を広めていこうなどという、筆者の提言はさしずめ、うさんくさいと思われてしまうことでしょう。「世界平和のためです！」などといえば、もう決まりかもしれません。

ほかにも批判の声はありそうです。「平和のためといったって、宗教こそ戦争の原因じゃないか」という、実に論理的なものや、「改宗なんてとんでもない！　今信じている神様を裏切れない」という少し感情的なものまで。どうも、もう少し説明が必要でしょう。

突然ですが、「知能指数（ＩＱ）」についての話です。万物の霊長たる人間は特にそれに秀でていて、それによって現在の文明を築いてきました。しかし同時に、知能指数はその文明を破壊する危険もまねく結果に。本講座でも取り上げた全面核戦争だけでなく、究極の人工知能による文明の破壊も、ＳＦ映画と笑ってばかりもいられません。

その危険を回避するために、人間に比べて知能指数は低いけれども、野生動物がもつ仲間愛などから学ぼう、とする考え方も盛んに唱えられています。本講座Ⅰでさんざん批判したローレンツも、その代表作『攻撃』のなかの一章を「けんそんのすすめ」としたように、人間は謙虚になって、同種殺しをしない動物に学べというのです。（18ページ参照）

圧倒的に知能指数の高い人間が学ぶべき、動物がもっている〝高い知能指数〟とはどういうものでしょう。それはあえて名づけるとしたら、「心の知能指数」と呼ぶべきものかもしれません。それは、近代科学文明がもたらした「モノ」の豊かさから「心」の豊かさへという、近年のパラダイム・シフトに合致しているともいえます。

しかしながら、いわば、頭の知能指数と心の知能指数。これらの二種類のほかに、第三の知能指数があるという考え方も注目されています。名づけて、「魂の知能指数」。夫婦で霊性（スピリチュアリティ）を研究する、D・ゾーハー※とI・マーシャルが名づけ親です。

二人は言います。頭と心の知能指数が、単に状況への適切な反応を行なう能力にすぎないのに対し、魂の知能指数は、その状況そのものの意味を知るための能力なのだと。自らの存在を問う動物である人間にとって、それは根源的で必要不可欠なものでしょう。

この知能指数を高めれば本当の自分が探せる――。二人はそう言いますが、自分探しから逆にカルトにはまってしまう人もいます。そんな時、地球市民宗教がもつ、地球生命体に包まれるような温かな霊性を感じることができれば。きっと、「人を殺すなかれ」という魂からの声が

※ダナー・ゾーハー　1944年、米国に生まれる。大学で物理学と哲学を学んだ後、英国に移住し、精神分析医のイアン・マーシャルと結婚、二児をもうける。国際経営コンサルタントでもある。

聞こえてくるはずです。どんなに頭の知能指数が高い人間であっても。

地球市民宗教の霊性とは、このように、魂の知能指数を高めるものなのです。宗教者であってもその種の知能指数が高いとはかぎりません。宗教のために戦争を肯定してしまうような宗教指導者は、とんでもなくその数値は低いといえます。地球市民宗教の霊性に触れて、感じて、修行しなおしてもらいたいものです。

また、地球市民宗教に改宗して、自分が信じている神様を裏切るなんてとんでもないというみなさんも、修行が足りないようです。魂の知能指数を高めれば高めるほど、見えてくるのです。それぞれの宗教の背景にある、共通する根源的なものが。

共通するものを信じるのですから、決して大切な神様を裏切ったわけではありません。それでも少し傷ついてしまうような純粋なあなた。地球市民宗教の霊性が、温かく包みこんでくれることでしょう。

日・韓・中の若者の本音

さて、地球環境問題でよく使われる言葉「地球的に考え、地域的に行動せよ」をもじったわけではありませんが、筆者からの平和への提言はここで「地球」から大きく目を転じて、今度は「地域」の問題について見ていきたいと思います。筆者の母国日本にとって、地域とは東アジアのことにほかなりません。

日本、韓国、北朝鮮、中国。これらの国々に共通する大きな問題のひとつは、いうまでもなく、戦争による過去の傷跡です。未だ癒されることのない、忘れ去られてはいない、いや、決して忘れてはいけない歴史の事実なのです。

しかし、日本と他の三国との間には歴然として、「加害者」と「被害者」というポジショニングの違いが横たわっています。このことを踏まえずして、現在の四国の間の関係を理解することは決してできません。あえてそれをしてしまえば、特に今の日本の若者たちの一部に見られるような感情的なナショナリズムにしか到達できないでしょう。

彼らには東アジアの問題にはその根底に、過去の歴史が横たわっていることへの想像力が不足しているのです。ですからこれもまた戦争の風化の証しといえるのかもしれません。

そのような風化を防ぎ、未来志向の関係を築くために、何といっても若者たちにがんばって勉強してもらわなければ。そのための取り組みのひとつとして、毎年の夏休みを利用した、2013年の時点で12回目となる「東アジア青少年歴史体験キャンプ」という催しが注目を集めています。

2013年といえば、第二次安倍内閣が韓国や中国のトップと全く会談ができない異常事態となっていた年。でも、日・韓・中の中高生と、リーダー役の大学生たちにはそんな政情はどこ吹く風で、いつもどおりの盛況だったそうです。（いわゆる民際外交ですが、現在の国際政治の

アクターはもう国家だけではないことはわざわざいう必要もないほどです）

　第12回のキャンプでもそれまでどおり、三国の生徒たちは歴史認識について意見を交換し、「癒し」、「許し」、「和解」というキーワードについて理解を深めていきました。世話人のひとりで長年、高校の教壇に立ってきた歴史家、原幸夫は指摘します。

「戦後の日本が、安保体制と憲法原理の対立の下で、平和・民主主義運動によって平和国家への歩みを堅持してきたことが、韓国や中国では正しく伝えられていないために、日本政府と日本の国民・市民を同一視し、政府閣僚の言動や右翼的ジャーナリズム＝国民・市民ととらえられる傾向がある」

　その誤解が、このキャンプによって、韓国と中国の生徒たちの間で解けるというのですから、やはり面と向かって話すことの重要性は明白でしょう。しかも生徒たちの交流の力はすごい！　原が筆者に語ってくれました。

「昼間の学習会で通訳を介して激しく言い合いをした生徒たちでも、夜になると片言の英語と身振り手振りでいつまでも交流しているのです」

　筆者も留学経験がありますから、わかります。言葉が通じないことほど辛いことはありません。それなのに三国の生徒たちは夜を徹して互いに知りあおうとしています。

　何が彼らを突き動かすのでしょうか。好奇心？　友情？　それはもうほとんど本能の世界なのかもしれませんが、きっと彼らの目はキラキラと輝いていたことでしょう。

もちろんそんな本能の話だけではなく、物質的条件も整いつつあります。２０１３年の日本の円安での換算では、中国のＧＤＰはもう日本の二倍。韓国のそれも一人当たりの数値は日本をどんどん追い上げています。三国の生徒たちはもう対等なパートナーシップを築くことに気おくれなどありません。

それに三国が共有する若者文化。クールなＫポップだけでなく、アニメなどはすぐに国境を越えます。人気ドラマ、「イタＫｉｓｓ」や「花男」※などは三国（中国語版は台湾）でそれぞれつくられていますから、もうこれはユニバーサル言語と同じでしょう。そんな共通の話題が出れば、生徒たちの瞳が輝きだすのも当然です。

その生徒たちの瞳にこそ、日本、韓国、中国の未来が映っているのだといえば、楽観的に過ぎるでしょうか。大人の真似をして公式見解的意見をいうこともある彼らの本音こそ、きっと輝く瞳の中にあると筆者は信じているのです。

単純な「未来志向」の罪

読者諸氏もそうでしょうが、若者に関する話をすると、たいていは過去のことは過去のこととして、もうこれからは未来志向でいきましょうという流れになりがちです。筆者はそれを「ご破算史観」と呼んでいますが、若者たちだけでなく、日本の過去の戦争責任を認めたくない人

※「イタKiss」や「花男」　両作品とも爆発的人気を博した日本の少女漫画が原作。正式には、多田かおる作「イタズラなKiss」、神尾葉子作「花より男子（だんご）」。

たちのなかでは堂々とそれが主張されることがあります。
「日本の過去の戦争犯罪はたとえ事実であっても、現在に生きる世代がやったことではないので、もう責任をとる必要はない」というわけです。それに対しては、筆者は民法の考え方を使って反論することにしています。

民法では周知のとおり、たとえば親の借金などのマイナス遺産は相続放棄することで免れます。しかし相続放棄してしまえば、プラスの遺産も放棄しなければなりません。それは国や民族にたとえていえば、それまでの歴史で父祖が培ってきた文化もプライドも、自分たちとは関係ないという態度をとることを意味しているのです。

そんなことが現在の日本に生きる世代としての望ましい態度でしょうか。興味深いことに、「ご破算史観」はナショナリストと呼ばれる人たちのなかでよく使われますが、矛盾していることは明らかでしょう。彼らは愛国心をはきちがえているのです。

そのような打算の歴史観とは縁がない純真な若者たち、特に日本の若者たちの間でも、「ご破算史観」は叫ばれることがあります。いつまでも過去にこだわっていては未来志向の関係が築けないという、その前向きな主張は多としますが、そこには単純さや無知が引き起こす罪があることを知らなければなりません。

そもそも今、なぜ朝鮮半島が分断※されているのでしょう。筆者も含めて今の若者は、生まれた時からもう韓国と北朝鮮に分かれている事実がありますから、こういう疑問は持ちにくいの

※朝鮮半島の分断　日本の統治が原因なのかどうか、議論がある。冷戦構造も一因だが、日本が併合した大韓帝国をそのままの形で朝鮮の人々に返せなかった、日本の終戦政策の失敗が主たる原因である。

※**中国の核戦力**　極秘事項で正確にはわからないが、一説には250発の核弾頭を保有しているといわれる。（例えば米国7700発、英国225発）全ての核弾頭が米本土に届くわけではないが、日本は射程内。

ですが、それは想像力の貧困といわなければなりません。

そんな認識では、「あの戦争を起こしたドイツは戦後、東西に分断されることにより罰を受けた。それに対し同じく戦争を起こした日本はどうなのか？」と問われれば、はっとして答えに窮してしまいます。

さらに、「逆に被害者である朝鮮民族が国土を分断されるなんて！」とたたみこまれると、もう下を向くしかありません。ついでに日本の戦後史を紐解き、戦後の貧困から日本経済が立ち直ったのは朝鮮戦争のおかげであることを知る時、軽々しく「未来志向」などとは口にすることはできないのです。

戦争なんか昔のこと、では決してありません。朝鮮の人々にとって、かつての日本の統治がきっかけとなって生み出された、分断による苦しみは現在進行形なのです。（朝鮮戦争は未だ「休戦」にすぎない事実もあります）

北朝鮮にとっても日本との平和条約がいまだに結ばれていない状態では、法的には現在も戦争状態が継続しているとすら考えられます。（もし拉致も軍事作戦の一環と主張されれば、軽々しく国家犯罪などと糾弾できなくなってしまいます）

中国との関係でもそれは同じです。指導者が決意さえすれば30分で日本民族を抹殺できるほどの核戦力※をもつ現在の中国が、世論調査で将来の侵略の脅威を感じる国として、アメリカよりも多く日本が挙げられるという事実は何を意味しているのでしょう。

加害者である日本は、これらのことを重く受け止めなければなりません。被害者の韓国、北朝鮮、中国の人々の心の中に、いまだ大きな荷物を残してしまっていることに想いをはせなければならないのです。

歴史問題に関して世論操作とか外交カードといった、国際力学論にばかりかまけてしまい、そのベースにある人々の痛みを推し量れない者は、未来永劫、東アジアでは信を得ることはできないでしょう。「人の痛みのわかる」平和学ではそう考えるのです。いくら「未来志向」の看板を掲げた学問であったとしても。

プライドのもち方

筆者が2013年まで勤めていた平和博物館「ピースおおさか」[※]は、自称〝愛国者〟たちによってさんざんに批判されることがあります。その際には、「自虐史観」、「反日展示」などのキーワードがよく使われるようです。

若者たちに、「君たちのおじいちゃん（もうひいおじいちゃんくらいでしょう）が朝鮮、中国で悪いことをしたと教え、自分の国にプライドをもてなくさせる博物館」であると、筆者も面と向かって抗議されたことがあります。プライドなどという大事なものを若者から奪うなんて、本当のことなのでしょうか。

※ピースおおさかのリニューアル　テーマを「大阪空襲」に特化させて2015年４月にリニューアルオープンした。しかし再リニューアルの可能性もあるため、本書では旧展示のコンセプトのまま叙述する。

それにお答えするためにはまず、ピースおおさかの設立のコンセプトから話を始めなければなりません。同館では、「大阪大空襲」と「15年戦争におけるアジアへの侵略」の二つがメインの展示となっています。つまり、日本にとっての「被害」と「加害」の両面展示がなされているというわけです。

これは1991年に開館した、ピースおおさかによって初めて確立された、平和博物館のコンセプトであり、当時としては画期的なものでした。その理由を、広島の原爆資料館を例にとって考えてみましょう。

広島の資料館は原爆の恐ろしさを後世に語り継ぐための展示を行ない、実際に大きな成果をあげてきたことは今さらいうまでもありません。しかし当初は、その扱うテーマは原子爆弾による被害だけに限られていたのです。

そのため来館者が見学後に、「このような悲劇は二度と繰り返してはならない」などという感想文を残す一方で、次のような二種類の感想が、いつもいくらかは伴うことが問題となっていました。

「確かに原爆被害は悲惨だが、真珠湾を攻撃して戦争を始めたのは日本の方じゃないか」（アメリカ人）

「こんな悲惨な被害を与える原爆を落とすなんて、アメリカはなんてひどい国なのだろう」（日本人）

このような一方的な立場の感想は、率直なものには違いありませんが、決して生産的とはいえません。一方的な観点からは戦争の真実は見えてこないからです。では、それらの感想をなくすにはどうすれば。これが、平和博物館にとって長年の課題だったのです。

そして出た結論が、戦争において受けた被害を展示するだけでなく、自国が戦時中に犯した加害行為をもまた、自ら率直に展示するというコンセプトだったというわけです。そして実際、ピースおおさかでは、上記の二種類の感想はほぼ姿を消していきました。

そういう経緯で始まったというものの、一方で、「加害」の展示はいわば自国の恥をさらすものであるだけに、「そんなものを若い世代に見せるな！」「非教育的だ」という声も聞かれるようになってしまったのです。

しかし筆者にしてみれば、自国の誤りを反省して、謝罪する重要性こそ、子どもたちに教えるべきことだと思うのですが。みなさんはどう思われるでしょう。

謝罪ばかりするのは自虐的？　ガリレオにまで謝った故ヨハネ・パウロⅡ世※には、自虐的というレッテルどころか、ザ・グレートの称号が贈られています。過ちを起こしたことに頬かむりするのと、きちんとあやまるのとでは、どちらがプライドのもち方として正しいのでしょうか。

かつての戦勝国が「正義の戦争」だったとするあまり、その植民地支配を反省できないでいる一方で、日本がしっかりと先の大戦を総括・反省し、謝罪していくことは、自虐どころか世

※ヨハネ・パウロⅡ世　(1920〜2005) 第264代ローマ教皇。ポーランド出身者では初。戦争への反対と世界平和を強く呼びかけた。世界100ケ国以上を訪問し、「空飛ぶ教皇」と呼ばれた。

界から尊敬を受ける道なのです。だから、プライドはいやおうなく高まるはず。

その道こそ、さらにいえば、日本がかつて軍事的に敗北したその戦争に、今度は人道的・文明的に勝利する道であるとすらいえるでしょう。筆者の愛国心はそう考えるのです。

自己達成的予言

2012年の暮れの総選挙で、思わぬ大勝で政権に返り咲いた自民党。それを率いる安倍晋三首相は、何かにとりつかれたようにひとつの道をひた走っています。憲法9条を変えての国防軍の創設に始まり、集団的自衛権、特定秘密保護法、そして教育委員会制度にまで手をつけようとするさまは、「平和の敵」と呼ばれてもいたし方ないところでしょう。

しかし、安倍さんは自分の政策が日本をより安全に、平和にするのだと全く逆の主張をしています。その根拠が、「抑止力」と呼ばれるものです。

長く続いた冷戦が終わったはずの日本の近海。安倍さんはそこに〝中国の海洋進出〟という新たな脅威をつくりだしました。かつての超大国、ソ連の強大な海軍が存在した時代でさえいわれなかったほどの〝脅威〟です。

そのため、海兵隊のような部隊を組織し、逆上陸訓練をしてみたり、邦人帰国の際に乗っていた米艦船が攻撃された場合、集団的自衛権が必要などと、微に入り細に入り。まるで明日にも戦争が起こるかのようです。

安倍さんの主張をまとめると、その中国の脅威に対して「抑止力」を高めるために、軍拡をし、アメリカとの軍事同盟を双務的にすれば、日本は平和であり続けるというもの。それはまた、そうしなければ中国との戦争の危険が高まるという予言でもあるのです。

それは本当なんでしょうか。その安倍さんの予言に対しては、筆者はＮＯと答えたいのですが、ＹＥＳと答えるかもしれない学者、それも大物の学者もいるのです。２００３年に惜しまれつつ亡くなった、アメリカ社会学会の巨匠、ロバート・Ｋ・マートンのことです。

彼の数々の社会理論のなかに、社会心理上の現象である、「自己達成的予言」というものがあります。それを軍備拡張に当てはめて考えてみましょう。

ある国が戦争を予言し、それに備えて軍拡をする。それを見た相手の国も軍拡をし、それに対しまた軍拡。軍拡競争がいつしか戦火をまねき、予言した戦争が本当に起こる、というわけです。もうおわかりでしょう。

マートンの理論は、安倍さんの予言する戦争は、安倍さん自身が達成してしまうかもしれないとの強い警告になっています。中国の漁船がぶつかってきたくらいで、自衛隊の配備を強化するなどの軍事的対応や、歴史認識の問題でも中国に懸念をいだかせるような対応をしているかぎり。

安倍首相は、現実的な対応というかもしれません。本講座Ⅱの冒頭で記した、古代ローマの格言「平和を欲すれば戦争に備えよ」というわけです。確かに2015年の段階では、残念ながら、軍事的な抑止力は効果を失うまでにはいたっていません。

しかし、それにあぐらをかいていては（安倍さんの場合はあぐらどころか強化ですが）、いつまでたってもその古い格言（これも戦争神話といっていいでしょう）を打ち破ることはできません。もう日本はあの悲惨な戦争を経験し、懲りたはずです。

ですから、その苦い経験から生み出された、平和を軍事力の均衡ではなく、相手を信頼することで保つという、日本国憲法の「発想の転換」から「抑止力」の問題を考えていくことにしましょう。

経済発展が著しい中国。しかし、特に内陸部にはまだまだ貧困に悩むところも。そこに日本のＮＰＯなどのきめ細かで具体的な援助（政府高官にピンハネされないためです）。教育、植林の支援などをしてはどうでしょう。（植林は日本への黄砂対策にもなります）

これらはすでに実際に行なわれていることですが、もっともっと拡充していく。ＮＰＯにはもっと公的資金をつぎ込むべきです（普通の道路も走れない重い戦車一両にウン億円も払うのなら）。そうすれば、日本への好感度が飛躍的に高まることは請け合いです。

中国の軍事力は強大化の一途をたどっていますが、そもそも好感をもっている国に攻めていこうという世論が巻き起こるでしょうか。そういう「抑止力」こそ、時代が求めているものであると、本講座の読者諸氏であればきっと理解されることと信じています。

※**戦後レジーム**　第二次世界大戦後に確立された世界秩序の体制（レジーム）のこと。安倍首相は、戦後の憲法を頂点とした基本的枠組みのような意味合いで使用。しばしば、東京裁判史観と同義となる。

「語り継ぎ部（べ）」とは何か

安倍晋三首相は初の戦後生まれの総理大臣ですが、〝戦後レジームからの脱却※〟などと突っ走るさまは、やはりあの戦争を体験していないことに原因の一端があるようです。でなければ、悲惨な戦争を反省するところから出発した戦後レジームを、何か偏ったもの（確かに平和に偏っているのですが）と、とらえるなんてありえません。

安倍さんにしてみれば、その偏りをただし、日本を「普通の国」にしようというのでしょうが、そもそも戦後の日本は、「特異な国」として出発したことを忘れてはいけません。あの戦争を経験し、もうひとりの日本人も殺されたくない、もうひとりの外国の人も殺したくない、と固く誓った「特異な国」なのです。（ですから憲法も特異なものです。特異とは世界のどこにもないという意味ですが、それは歴史の進歩の最先端を走っていることの証拠にほかなりません）

筆者も戦後生まれですから、平和への志向において戦争体験の有無は決定的ではありませんが、やはり「語り部」世代の存在は、将来の戦争の危険を少なくするためには重みをもっているようです。（安倍さんも自分の党の長老からたしなめられているのに……）

本講座では戦争を理論で理解し、恒久平和を実現するという新しい方法論を提唱してきました。ここで、しかしながら、従来から行なわれてきた、戦争体験の継承というもうひとつの方法論についても、少し考えていきたいと思います。

戦争体験の継承についてはまず、「語り部」は必ずいなくなる、という事実を直視することから始めなければなりません。その時が来れば、もちろん、戦争体験の無い者のなかから語り継いでいく者を育てていくことになるわけです。しかし、ひとくちに戦争体験の全く無い者といってもそれらは同質とはいえません。

まだお元気だった多くの「語り部」から直接、迫真の力をもって伝えられたり、戦争の時代の雰囲気をまだ色濃く残していた時代に生まれ育った者たちと、現在の何不自由なく、平和が当たり前の時代の子どもたちとでは、戦争体験の風化の度合いは大きく違うといわなければならないでしょう。

ここに「語り継ぎ部（べ）」が登場する理由があるのです。すなわち、戦争体験者（語り部）と戦争未体験者（戦後生まれ）との二分法ではなく、「語り部」、「語り継ぎ部」、そして現在の若者たち、との三分法で考えていこうという発想なのです。

時代は、「語り継ぎ部」の登場を待っていることにまちがいはありません。しかし最近、「語り部」世代にも変化が見られるようになってきました。2010年頃からでしょうか、筆者がピースおおさかに勤務していて感じたことは、今になって「語り部」をやりたいという先の大戦の体験者が増えてきたことです。

今まで語れなかった辛い体験を、人生の最晩年になって証言として残したい、との思いからなのでしょう。筆者はこの動きを「語り継ぎ部」との関係でとらえ、戦争体験継承のための分母・分子の公式論と呼んでいます。

すなわち、「語り部」という分母が増えれば増えるほど、分子である「語り継ぎ部」が育成されていく。そして「語り継ぎ部」からのもっと学びたいというニーズに、戦争体験を語る人が増えていく、という望ましい正のフィードバック。それをこの公式論は描いているのです。

「語り継ぎ部」といえば、大学生世代の者たちを思い浮かべるむきもあるかもしれません。もちろん、どんな世代であっても戦争の証言を聞き、学ぶことは意味をもつことでしょう。しかし、そもそも大学生は人生の通過集団ですし、平和を専らとする前にほかに学ばなければならないことが多い世代なのです。

筆者は大学生よりも、いわゆる団塊の世代を「語り継ぎ部」第1世代と目しています。すでに退職し、年金生活により戦争体験の語り継ぎに専念できるだけでなく、幼少期の戦後の貧しさを覚えていますから、「語り部」の言葉もすっと入ることでしょう。また、ベトナム反戦※を経験した世代でもあることも重要なポイントです。

ベトナム戦争には、日本の戦争加担という加害の側面があり、米軍基地の存在に苦しめられるという被害とあわせ、いわゆる「加害と被害の両面」から戦争を理解する材料があります。同じ性質を持つ15年戦争の「語り継ぎ部」となるために、そういう〝望ましい体験〟も、背中を押すことになりはしないでしょうか。

※ベトナム反戦運動　ベトナム戦争（1960－1975）に反対する運動。アメリカのみならず全世界に広まった。日本でも全共闘（学生運動）、70年安保（反対）闘争などと結びついて行われた。

それに、時々大学生たちと話していて驚くことは、もうすでに若い世代にはベトナム反戦運動は完全に〝歴史〟になっていて、その時代に青春を送った世代は、その70歳前後の風貌とあいまって、先の大戦の「語り部」と区別がつかなくなっているようなのです。

団塊の世代のみなさん。「語り部」と間違えられるなんて、そんなに老けているのか、と嘆くなかれ。「語り部」と区別がつかないくらい、あの戦争を語ることのできる「語り継ぎ部」となってくださいますよう。期待しています。１９５７年生まれの筆者も、必ずあとに続くでしょう。

語り継ぎ部の方法論

では、語り継ぎ部はどのように戦争を語り継いでいくのでしょうか。語り部なら、ただ話すだけでもその言葉には重みがあります。しかし、語り継ぎ部の語りは伝聞だけに、その点が弱い。その弱さは世代を経るごとに加速していくことは確実でしょう。

そこで、語り継ぎ部に欠かせないものは〝工夫〟となるのです。話すだけではなく何か別のやり方で伝えてみる。その工夫には様々な方法が考えられます。たとえば朗読、紙芝居、音楽、演劇など。それらを使った語り継ぎの活動は、もう広がり始めています。

もちろん、語り継ぎ活動に工夫を凝らす重要性は、語り部にもいえることでしょう。実際、ピースおおさかでは戦争体験のある世代も紙芝居を演じたりしています。今の集中力に乏しい子ども世代には、長々とした語りだけでは飽きられてしまうからです。

そこで筆者の経験則をもとに、「子どもたちに共感をもたせる」という観点から、今度は戦争を教えるコンテンツにおける工夫について、いくつか方法論的に論じていきたいと思います。子どもは共感を覚えれば、必ず興味を持ってくること請け合いです。

① 子どもの目線に降りてみる

毎年、ピースおおさかを訪れる多くの小中学生。そこで彼らは戦争の悲惨さを学ぶことになりますが、その感想には「あんな時代に生まれなくてよかった」という、後ろ向きで非生産的なものも多くみられます。つまり、もう70年も昔のことなどは自分たちには関係ないといわんばかりです。

それに対し筆者は、「もし君たちのおじいさん、おばあさんが小さい時に大阪大空襲で死んでしまっていたら、今の君たちはここに存在しないんだよ」と機会あるごとに話しかけるようにしていました。つまり昔の戦争と現在の自分との関連に気づかせて、身近なものに感じさせようという工夫なのです。

また、戦争から本質を抽出し、その定義を「戦争とはあなたの愛する人・もの・こと、がなくなること」というように広くとり、日常の目線で考えさせることも有効でしょう。戦場で人が死ぬところなどはＴＶや映画でしか見たことのない、日本の子どもたちに戦争を想像させるためには必要な工夫といえます。

② 「戦争中の動物の犠牲」※を教材にする

核家族化が進んでいる現在では、祖父母との同居も少ないですから、子どもが人の死に触れることもあまり多くありません。そのような状況では、いきなり人の死が前提である戦争を語っても引かれてしまうことがよくあります。

そこで、戦時中に犬や猫が供出されて毛皮にされた事実などを教えると、ペットブームの今、子どもの共感を得やすいのです。子どもはそれをきっかけに、今度は戦争に対して素直に感情を向けるようになります。

③ 「学童疎開」を教材にする

学童疎開体験者が語っている時の子どもたちの反応を見ていますと、やはり焼夷弾が落ちてくる空襲の話に比べると食いつきが弱いようです。しかし、教材としての学童疎開は、自分たちと同じ子どもが被害者であったことや、いじめなどの実態を語ることにより、子どもたちに共感を起こさせる点では強みをもっているといえるでしょう。

④ 「戦争遺跡」を教材にする

くり返しになりますが、戦争の証言は「知識」と「想い」に分かれます。「知識」の伝承については比較的やりやすいものの、その時にどんなに怖かった、悲しかった、辛かったという「想い」は未体験者では伝えにくいもの。

※動物の犠牲　戦争中には例えば大型犬は軍用犬として徴用、小型の犬や猫は毛皮用に殺害される。平和な社会でも、営利目的の動物虐待など、動物は人間に奉仕すべきとの考え＝「種差別」が広くみられる。

それこそがまさに語り継ぎ部にとっての試練なのですが、その点、当時の姿を今に残している戦争関連の遺跡は、何もしゃべりませんが、そこにあるだけで「語り部」の迫力をかもしだし、子どもたちに訴えかけることができるものです。

また、適切に保存され、ネットワーク化されてガイドがなされれば、フィールドミュージアムともなることができます。もちろん、戦争遺跡は後世にまで残り続けるのですから、それ自身、究極の語り継ぎ部ともいえるでしょう。

ミラーイメージ

さて、本講座もそろそろ最終章に入ってきました。今度はもっと地域を限定して、朝鮮半島をめぐる平和問題について考えていくことにしましょう。

2006年10月の北朝鮮（朝鮮民主主義人民共和国）による核実験は、世界に大きな衝撃を与えました。印パの核保有※そしてイランの核開発疑惑とも相まって、驚いたことに「第二核時代」という言葉を使う専門家もでる始末。核戦争の恐怖におののいた米ソ冷戦時代の悪夢が人々によみがえり始めました。（北朝鮮の核実験はその後も続いています）

四方を海に囲まれ、安全保障の問題に関しては鈍感な日本人の目にも、それは大きな脅威と映りました。北朝鮮に対する反感、さらには敵視する言動も見られるようになったのですが、

※印パの核保有　一説にはパキスタンが120発、インドが110発の核弾頭を保有。両国とも運搬手段は弱小だが、隣接しているだけに核戦争の可能性もある。1999年のカルギル紛争ではその危機があった。

実は、北朝鮮を敵と見る世論はこのとき急に始まったのではありません。

アメリカでは9・11以後、星条旗が国中にあふれ、ナショナリズムの嵐が吹き荒れましたが、日本でそれに相当するものは〝9・17〟といえるでしょう。すなわち2002年9月17日の小泉訪朝で、金正日総書記が日本人拉致を認めて以来、北朝鮮バッシングの世論が形成され、その反動でナショナリズムが高揚したのです。

この日本の対応について、しかしながら、筆者はどうしても納得がいきません。金総書記が拉致を認めるなどと、一体みなさんの中に予想した人がいるでしょうか。その意味では〝新しい風〟が吹いたのです。なぜ日本はそれを受けとめられなかったのでしょう。

国際社会も社会には変わりありませんから、一般に相手が謝罪すれば許す方向で考えなければなりません。それが反対にバッシングで応えるなんて。そんなことを見てしまえば、今後、世界の独裁者は誰ひとり悪いことを認めようとしなくなるに違いありません。

大変困った先例となったことは明らかです。拉致被害者が家族と涙の再会を果たした時、筆者もしこたまもらい泣きしましたが、日本の世論はそういった感情に押し流されてしまったのでしょう。日本人は感情的な民族なのですから。

ともあれ、そのような日本国民の感情とそれをあおるマスコミの報道によって、北朝鮮に対する敵意が芽生え始めました。核実験はそれを決定的なものとし、核を日本に対して使うかもしれないという、北朝鮮の日本に対する敵意と受けとめられたのです。

それに対抗してさらなる日本の敵意が高まり……。このような事態になってきますと、平和学者は反射的に「ミラーイメージ」という分析手法を思い浮かべることになっています。ミラーイメージとは、たとえば「お前、怒鳴るなよ！」といっている本人が怒鳴っているような場合です。相手の姿とばかり思っていたのは、実は鏡に映った自分の姿であることが多いことをそれは示唆しています。

と、しますと、北朝鮮が日本に敵意をもっていると日本人が考えているということは、日本も北朝鮮に対して敵意をもっているということになります。

それはすでに述べた小泉訪朝以来、芽生え始めたような底の浅いものだけではありません。もっと根の深い敵意を、より正確には過去にもっていたということを意味するのです。現在の日本人は忘れているだけで、相手は決して忘れてはくれません。

もうおわかりでしょう。戦前の、日本による朝鮮支配※のことです。それゆえに、現在の日朝間の諸問題を解決しようとするなら、過去の日本の植民地支配に触れることが絶対に不可欠なのだといえます。敵意むき出しに睨みつけてくる北朝鮮という〝敵〟は、実は昔の苛酷な植民者、日本の姿を映し出しているかもしれないのですから。

交渉の過程で過去に触れることは決して問題を複雑にし、解決を遅らせるものではありません。それどころか解決への近道と断言できます。この原点を忘れてしまえば、知らず知らずミラーイメージの罠にはまり込んでしまうことでしょう。

※**日本による朝鮮支配**　李朝末期の社会の停滞から朝鮮を近代化させたのは日本の統治だともいわれる。しかし、それは朝鮮の人々から最も大切なもの＝プライドを奪ったことを無視した主張である。

筆者が平和博物館「ピースおおさか」に勤めていた時の話。大阪大空襲の展示を見たアメリカ人の感想文のなかに、「この美しい国をその昔、焼け野原にしてしまって本当に申し訳ありません」と英語で記してあるのを見つけ、目頭が熱くなった経験があります。

とても心を動かされました。「大阪空襲は日本が始めた戦争の結果じゃないか！」と書かれるより、どれだけ日本人の心に響くことでしょう。その時、思ったのです。まずあやまることじゃないでしょうか。

どちらが先でもいいのです。四の五の言うより（日本では植民地支配の功罪の議論がかまびすしい昨今ですが）、まず北朝鮮の人々に心からあやまってみてはどうでしょう。重い扉はきっと、必ず開く。そう確信しています。

両民族は本当の兄弟

では、このような過去を引きずった、日本、韓国、北朝鮮の三国の間に真の友情が可能なのでしょうか。たとえばヨーロッパの人から見れば、両民族の外見はほとんど区別がつきませんから（筆者も見分ける自信がありません）、仲良くなれないはずはない、という結論はナイーブすぎるかもしれません。

人種的には同じでも文化の壁が立ちはだかるのですから。一例を挙げると、頭を叩くことは

※金容雲（キム・ヨンウン）1927年生まれ。韓国の数学者。漢陽大学校名誉教授。数学史が専門であるが、日本と韓国の歴史や文化に関する著作も多い。

日本では笑いをかもし出す場合もあり、漫才などでよく見かけますが、韓国ではタブーです。そうされた韓国出身の女性タレントが、楽屋で泣いたという話も聞くほどです。

それに対し、本講座では〝痛み〟を基準とすることで文化の違いを克服する試みを提案しました。しかしながら、原型史観で有名な金容雲※教授は、文化の相違はそんな底の浅いものではない、と喝破します。

「民族を一つにするのは言語・宗教といった民族的な文化の中心要素でない。これらのどの要素をもってしても、それが民族を存続させるものだとはいえない。それらの要素を生む、さらに基層的な文化意思が存在するのだ。それがまさしく民族の原型だ」

教授によれば、たとえ筆者が韓国に住み、ハングルをペラペラしゃべっても、日本民族としての原型は変わらない、つまり〝違い〟は残るのだということになります。（〝違い〟は戦争という怪物の大好物です）

文化の壁がそんなにしっかりと根の張ったものだとすれば、両民族の間に平和への道は存在するのでしょうか。

筆者は、それでも、両民族は必ず真の友人になれると確信しています。なぜなら「民族の原型」をさらに超えるものがあるはずだからです。しかし同時に、それは理屈でわかるものではないような気もしています。

ですからここでは、原型のさらに基層にあるもの、ユングのいうアーキタイプ（ほとんど本能と同義。金教授も人類共通の原型を認めています）が存在するからだ、というように理論を使って証明するつもりはありません。

それよりもっと筆者の体の奥深いところからくるものによって、そう感じるのです。それはＤＮＡといっていいでしょう。

かつて日本人の祖先は朝鮮半島の南岸に住んでいました。日本語とハングルの違いは方言レベルともいわれています。両民族は理念的な意味ではなく、実際に本当の意味で兄弟そのものなのです。

本当の兄弟なら、過去の一時期、不幸な関係にあったとしても、それがどうしたというのでしょう。血肉を分けた兄弟なら、きっといつかわかりあえる。助けあえる。そう考えることはおかしいことでしょうか。

なるほど現在、我々の兄弟のひとり、北朝鮮は、その国づくりにあまり成功しているとはいえません。しかし、世界から尊敬を受けている国、日本、韓国の本当の兄弟なのですから、このまま〝悪の枢軸※〟などと汚名を着せられたままで終わるはずはありません。

困っている兄弟には心からの温かい手を差し伸べる。そうすればきっと立派な国に立ち直る。そして三国は互いに尊敬しあう関係となる。夢物語ではありません。筆者のＤＮＡがそう確信させてやまないのです。

※**悪の枢軸**　2002年にブッシュ（ジュニア）大統領は、イラク、イラン、北朝鮮の三国をそう呼んだ。その後の大量破壊兵器の所持という言いがかりでのイラク侵攻は、北朝鮮の核開発の口実ともなった。

さて、「地球」に始まって「地域」へと、平和の道をさぐってきました。いかがだったでしょうか。本講座では科学の立場に立って論ずるとさんざん言っておきながら、最後には理屈を超えたものによって、感じたり信じたりするなんて矛盾している、というご批判は甘んじて受けたいと思います。

筆者もまた日本人ですから、やはり感情的な一面はぬぐえなかったようです。ともあれ、以上が、筆者の平和への提言となっているかどうかは、もはやみなさんの判断にゆだねるほかはありません。どんなに辛口な評価であっても、ご意見をたくさんいただくことをお願いしつつ、このへんで本講座を終えることにします。

脱戦争の平和学へのいくつかの疑問

―本書の内容にふれながら

蘇《ソ》在《ジェ》斗《ド》（編集者）

3つの神話

黒沢明監督の映画「影武者」に登場する武士の闘いに「かっこいい！　実に勇猛で他を圧する」と思ってしまう。戦争は認めたくない気持ちをもつが、しかし、戦争にはこのような魅力が潜んでいる。

著者は子ども会のリーダーが子どもたちに相談を受けた素朴な「戦争はなぜかっこいいのか」という質問を否定するための核心を本書のなかで展開する。

著者があげるのは３つの戦争神話だ。

①　個人が喧嘩をするように国家も戦争という喧嘩をする。

②　人間が戦争をするのは、動物と似ている攻撃本能があるからだ。

③　戦争映画などを見て胸がときめくのは戦争に魔力があるからだ。

この神話を喝破する著者の思想的立場は明快である。

社会は個人の集合体であるから、社会で起きる現状の原因と個人次元の現象を説明する原理は当然質的に違う。社会的規模の戦争の原因が人間の攻撃性という点は間違いないが、それは変身した社会意識であり、社会学的研究対象に変わってしまうのだ。

著者の立場を要約すれば次の通りだ。個人次元の争いは人間本能の攻撃性と関わる部分が多く、さらに気まぐれに起きるから根絶することは難しいが、平和教育を通じて最小化することができる。

一方、武器を利用した社会的次元の戦争は人類の発明という以外の何ものでもない。人類がたどり着いたデモクラシー、地球国家という考え方により完全に根絶させることができる。特に戦争が人類の宿命だと主張することは途方もない当て推量であり、本書の講座はそれを証明しようとした力作である。

ここで疑問だが、平和教育により最小化するということは、教育がイデオロギーとするなら戦争に傾斜していくこともイデオロギー要素をもつとみるからなのか。【疑問1】

戦争肯定論に反論する

動物行動学で注目されたコンラド・ローレンツ（Konrad Lorenz, オーストリアの動物学者）の問題点は、攻撃性に比べて攻撃性を抑制する本能が人間においては弱いと主張する。すなわち、人間=動物であり、しばしば起きてきた戦争は人類の宿命という。

この攻撃性優位論の考え方の論拠に著者は次の二つを指摘する。

① 人間は身体的に力強い武器を持っていないから、それに相応する抑制力も強まらなかった。

② なぜなら、生物の進化で友情の登場は攻撃性より数百万年後に現われた新たなものだからだ。

消極的戦争肯定論に対してはいつか地球国家になって地球上に唯一の公権力が登場し解決される問題だ、とみる。ただ、こうした指摘を実行することは簡単ではない。まさに人類の念願である永久的平和の確立を意味するからだ。その点を著者はどう実践との距離をみるか。【疑問2】

積極的戦争肯定論に対しては東西古今を問わず人間社会で広く見られるという意味で宿命ということが信じられていたことは間違いないとみる。なぜなら、これこそ「神話」であるからだ。

しかし、本書でこの講座の内容を理解した読者はわかるだろう。列挙した戦争肯定論はもっぱら、「戦争は……」などと戦争の本質を言っているようにみえるが、どれ一つとっても戦争の本当の姿を現わしてはいない。たかが、「過去には」という副詞を付けてだけ理解することができるものに過ぎない。

戦争が100%進化した姿を地球上に現わすとき、戦争の肯定的側面を認めて望ましい面があると主張する人はいないはずだ。自殺肯定論者を除いて。人類歴史上幸いにも戦争は一度も本当の姿を見せなかったのである。

戦争解剖学の登場

イギリスの著名な軍事理論家リデルハート(B. H. Liddell Hart)は、古代ローマの格言である「平和がほしければ戦争に備えなさい」と言う言葉を、「平和がほしければ戦争を知ることだ」と言い換えて主張した。

この言葉の意味を、「平和を願うなら平和に備えなさい」と理解しても構わないが、戦争という化け物がどういうものなのか、「わからなかったまま」人類が永久的平和を樹立することは不可能だ。

戦争のような複雑な事件の解明は総体的視覚が何より要求される。確かに部分的な戦争研究には輝く業績が目白押しにもかかわらず戦争の全体を解き明かす研究にはつながらない。これは巨象の一部分である鼻、足だけで巨象を判断するようなものだといえるだろう。

地球市民の宗教

今のように世界化が先に進んでいるにもかかわらず主権国家を飛び越えること、言い換えれば世界連盟、地球国家がまだ生まれないことこそ、現在起きている世界紛争、9・11テロのような無惨なテロを克服できない原因といえる。

もし地球国家が成り立つならば先進国をモデルにして、対立を戦争に発展させずに議会での論争で置き変えるように、平和な社会を世界へ広げることができる。それは著者が求める人間への信頼なのだろうし、人類はその経験をしていると以下の例をあげる。

２００５年はイラク戦争が深い泥沼にはまった時期だった。同じ年に実施された国民議会選挙でどうしたことが起きたのか。多くのイラク国民がテロの脅威にも屈せず、投票場に赴いた。キリスト教とムスリムという巨大宗教の間の宿命的激突、嘘で始まった戦争という絶望的な状況の中で、なぜイラクの人々は途方もない危険を冒して投票場に出掛けたのか。

それは自分たちの代表を自ら決めるという「常識」のためではなかったか。どんな宗教を信じても信じなくてもそれは構わずに普遍性を持っているということは明らかだ。本書で最も説得性をもつ箇所でもある。

そしてこの常識の体系で普遍性を持った市民宗教こそ未来の地球市民階層が持たなければならないと著者は説く。そうした市民宗教の信者が地球上にあふれたら、必ず多様な人々を統合する「接着剤」の役目を遂行して平和な地球国家が実現するとみる。

ただ、その実現を阻むものを具体的に知ることは重要だ。なぜ、その後のイラクは混乱しているのかを著者はどうみるのかを問いたい。【疑問３】

ミラー・イメージ

ミラー・イメージで具体的に出した例は、北韓（北朝鮮）像だ。問題を解決しようと思うならば、過去の日本の植民地支配に対する論議は絶対的に必要条件だといえる。北韓像は実は、かつての残酷な植民地統治の日本の顔ではないのか、と著者はみる。

著者は2013年まで平和博物館「ピースおおさか」に勤めた。在職時代に「大阪大空襲」の展示を企画した。鑑賞したアメリカ人女性の感想文に「この美しい国を燃やして大平原にしてしまったことは本当に申し訳ない」と書かれていた。

著者はこの感想文に目頭が熱くなった、という。「大阪空襲は日本が始めた戦争の結果だ！」と書かれている感想文も確かに本質を突いているが、アメリカ人女性のこの感想文こそ日本人の心の琴線に触れるのではないか。

「先に謝罪することが重要であるとあの時思いました」と吐露した著者。「先に心より謝罪してみることからこそ、厚い門は必ず開かれる」。

では、なぜ先に謝罪するところから始めないのか。植民地支配について欧米の反省も不十分だとされる。日本もそうだ。なぜなのか。**【疑問4】**

（日本語訳　川瀬俊治　丸括弧は訳者が付加）

『脱戦争』の著者からの返答

常本　一

蘇在斗様
お会いしたことはありませんが、お名前はよく存じ上げております。また、大変お忙しい方であるともお聞きしています。そのようなご多忙のなか、このたび、私の日本語版（原著）の出版に合わせて貴重な一文を頂戴し、大変恐縮いたしております。

蘇さんは私より年下とお聞きしましたので、儒教の精神によるならば、いただいたご感想に対し遠慮のない反論を展開できると思っていたのですが、今は反論どころか、ただただ感謝の気持ちしか湧いてこないのが正直なところです。

蘇さんによる本講座の箇にして要を得たスケッチは、本書が小著であるため付さなかった、「概要」の役目を果たしてくださっています。しかも所々、お世辞でしょうか、ほめてもくださっているのですから、本当に感謝にたえません。

また、4つの疑問も、どれも一層深い考察へと導くものといえるでしょう。蘇さんは、私が本書で言い足りなかったことを追加する機会を与えてくださいました。さっそく、お答えしたいと思います。

疑問1▼　そのとおり、「戦争に傾斜していくこともイデオロギー要素をもつとみる」のが私の立場です。（完全に「環境説」には組していませんが）

私は別のところで、「教育などの力によって攻撃性に平和の文化という圧力をかければ、社会レベルでは無害なものにすることもできるが、その逆に、軍国主義教育などによって有害にもなりうる」と書いたことがあります。

ピースおおさかの学芸員としての経験からも、それはいえます。いかにかつての「少国民教育」が子どもたちを変えてしまうのか、証言を聞いて恐ろしくなりました。当時の男の子はほとんど皆、死ぬのが怖くなかったというのです。

また、軍国主義教育も「教育」には違いありませんが、そのような組織的に確立された制度によらなくても、社会不安が蔓延すれば、社会心理上の戦争原因のひとつである「悪玉化」が猛威を振るいます。

社会不安により世の中の余裕がなくなり、問題の原因を一つひとつ慎重に考えていくよりも、「あいつが悪い！」、「北朝鮮が原因だ！」などとひとくくりにしてしまうほうが簡単であるため、悪玉をつくる世論は容易に受け入れられてしまうのです。

疑問2▼

現在の世界の現状と地球国家の「距離」については、なるほど、思わずため息が出るほど遠い距離が存在するでしょう。

なにしろ、アルカイダのように交戦団体が小さくなる傾向が、戦争の消滅への始まりととらえるむきもあったのに、「イスラム国」のようにまた交戦団体として、国家のような大きなものが復活してしまうのですから。

加えて、世界的規模の子どもの誘拐、難民、ボートピープル。世界は今、統合に向かうどころか、カオスのただ中にいると考えてしまうのも無理からぬことかもしれません。

私はそれでも、時代は地球国家への道を進んでいるものととらえています。決して希望的観測でそう言っているのではありません。考えてみてください。米ソ冷戦の時代には、世界には二つのパラダイムが存在していたのです。言い換えれば、絶対の存在がふたつ。

今はどうでしょう。パラダイムはひとつ。たとえそれがアメリカのそれであったとしても、アメリカはもう絶対の存在ではありません。そしてアメリカを相対化させるパラダイムこそ、すなわち地球国家のパラダイムにほかならない。私はそう考えているのです。

疑問3

現在のイラクが「混乱している」原因は、よくいわれるように、独裁のフセイン政権が倒されてしまったからでしょう。独裁がしばしば強権として必要悪のように作用してしまうことがあるのは残念なことです。

もちろん、「混乱している」のはイラクだけではありません。他のアラブ世界、アフガン、アフリカなど、テロ、紛争が日常的に起っている地域があります。私は高校や大学で平和学を教えていますが、そんな世界の現状に、学生たちはやはり戦争宿命論を信じてしまうようです。

私は世界の歴史とは、同時に進行するものではないと考えています。先進国といわゆる途上国との間には、タイムラグがあるのではないでしょうか。例えば日本はその昔、悲惨な戦争を経験し、戦争では何も解決しないということを身にしみて思い知らされました。

それゆえにこそ、まさにそのむだな経験の〝途上国〟に対して、その教訓を伝えていかなければ。私は学生たちによくそう話すのです。

疑問4

日本と大韓民国（韓国）・朝鮮民主主義人民共和国（北朝鮮）との関係は、対等ではないことは本文でも指摘したとおりです。加害と被害の歴史的ポジショニングの違いは、全ての前提となります。その意味では日本は先に謝罪しなければなりません。「もう長年、十分に謝罪してきた」という日本人も多くいます。しかし謝罪する端から、被害者の国々を傷つける発言が、大臣や政府高官などからくり返されては、言葉の真の意味で逆効果でしょう。東アジアでの信頼醸成がうまくいかないのも無理はありません。「植民地支配について欧米の反省も不十分」ですが、彼らは反省ができないのです。先の大戦は連合国側にとって、ファシズムから自由を守った正義の戦いなのですから。日本は違います。戦争に負けて、反省を強いられることになりました。

これこそチャンスなのだと、私は考えています。日本は「柔術」を発明した国です。柔術には、相手の力を利用して相手を投げ飛ばすという技があります。敗戦という挫折をバネにし、植民地支配の反省を強いられたことを逆手にとって十分に総括・反省していく。

この技には蘇さんのお国の協力も不可欠なのです。しばしばいわれるように、被害者が謝罪を受け入れることもまた、難しく、苦悩をもたらすものなのですから。

蘇さん、それでも、みていてください。本書で示したように、私も日本人として誠意をみせます。きっと、他の日本の人々も支持してくれるようになることを信じながら。

あとがき

筆者が中学1年のころだったと記憶しています。朝、友達がひどくしょげているので、理由をきくと昨晩、父親にすごく怒られたとの答え。重ねてたずねると、テレビでやっていた戦争映画の空中戦のシーンに、思わず「カッコいい！」と口にしたとたん、「戦争はカッコいいものじゃない!!」と烈火のごとくの剣幕だったそうです。

なるほど、戦争体験のある彼の父親の気持ちもわかるとはいうものの、ゼロ戦の20ミリ機関砲が火を吹けば、たいていの男の子には魅力的に映ります。その時は何か釈然としない気持ちのままでしたが、筆者が長じるにつれ、戦争を道徳的に断罪して子どもを叱るのではなく、科学的に解明して納得させるような方法はないものだろうかと模索し始めていきました。

この小著における二つの講座のなかで、その方法がうまくいっているのかどうか、あまり自信はありませんが、読者の忌憚のないご意見、ご感想をいただければと思います。

本書は2005年5月から「ジャーナリスト・ネット」において、不定期に連載された講座を基にして、今回の出版に際し、大幅に加筆したものです。

ジャーナリスト・ネットとは、2005年の春にジャーナリスト有志が集い、ウェブ上に立ち上げたニュースサイトです。同ネットが立ち上がった頃は、未来学者アルビン・トフラーが、

「いま反乱が起きている」と表現するくらい、インターネット上にブログが爆発的に増え始めていた時代でした。

トフラーによれば、そうしたブログの増加は、古い制度の正統性がなくなってきているためとのことですが、筆者も世にはびこる古い「戦争宿命論」を、徹底的に打ち破るブロガーでありたいものです。

最後になりましたが、ジャーナリスト・ネットへの寄稿をすすめてくださり、昨年の韓国での出版だけでなく、今回の出版にも大変お世話をいただいた川瀬俊治さん、そして今回の出版をご快諾いただいた東方出版の稲川博久社長と編集部の北川幸さんに対し、最高の謝辞を心の底よりおくりたいと思います。韓国からわざわざ読後の一文をお送りくださった、蘇在斗さんも、お忙しい中、ありがとうございました。

また、付録「市民のための平和学講座」10講を、ネット新聞「新しい未来へ」から転載するにあたり、ご快諾いただいた環境社会新聞社社主の堤九十生さんにも、同じく心の底より感謝申し上げます。

2015年8月

常本　一

※本書は、同名の私家版が2005年にジャーナリスト・ネットから発刊されていますが、今回の出版に際し、その内容を大きく充実させたものです。

参考文献

「現代戦争論」　ロビン・クラーク／松井巻之助訳　草思社
「戦争論（上・中・下）」　クラウゼヴィッツ／篠田英雄訳　岩波文庫
「国際テロリズム論」　宮坂直史　芦書房
「攻撃（1・2）」　ローレンツ／日高敏隆・久保和彦訳　みすず書房
「戦争と平和（上・下）」　アイブル＝アイベスフェルト／三島憲一・鈴木直訳　思索社
「人間の本性について」　E・O・ウィルソン／岸由二訳　思索社
「平和学」　岡本三夫　法律文化社
「グローバル時代の平和学」（全4巻）　藤原修・岡本三夫他編　法律文化社
「増補 軍事思想の研究」　小山弘健　新泉社
「帝国」　アントニオ・ネグリ他／水嶋一憲他訳　以文社
「人の世の冷たさ、そして熱と光」　武者小路公秀　解放出版社
「遊牧民から見た世界史」　杉山正明　日本経済新聞社
「未開の戦争、現代の戦争」　栗本英世　岩波書店
「魂の知能指数」　D・ゾーハー他／古賀弥生訳　徳間書店
「日韓歴史の理解」　金容雲／亜細亜文化交流協会編訳　白帝社
「戦争と平和の『解剖学』」　常本一　東方出版

平和学を学ぼう

市民のための平和学講座　＜第10講＞

戦争と平和の学習は大きく分けて歴史と理論に分かれます。あなたもチャレンジしてみませんか。

下の〔　　〕内に当てはまる最も適切な語句を考えてみてください。

【歴史】＊最終回にあたり、20世紀から戦争の形態がどう変遷していったかについて見ていきましょう。

- 20世紀からの戦争の歴史をアメリカ中心に見れば、太平洋戦争では〔　　　〕と戦い、冷戦においては〔　　　〕（現ロシア）と軍拡競争をし、冷戦後にはイラクなど〔　　　　　〕諸国が主な敵となった。また冷戦中には、核戦争の恐怖でソ連と直接戦えなかったため、世界各地で代理戦争を支援した。さらに、直接武力介入した場合でも、戦場は朝鮮、〔　　　　　〕などに限られた。これを〔　　　〕戦争という。
- このように戦争は、世界大戦のような大きなものからだんだん小さくなっていき、ついには国家と〔　　　　　　〕のような私組織との戦争という、〔　　　　　　〕と呼ばれる、非対称で小規模な形態（テロ）へと変化した。（「イスラム国」のようにテロ組織が再び国の形態をとる動きもみられる）しかし現在の世界では、民族、宗教、富の“ちがい”を〔　　　　〕的原因とする従来型の内戦や紛争もまた頻発している。
- このような世界の現状の解決には長い道のりが予想されるが、少なくともそれらの問題に関心を持つこと、すなわち、一人ひとりの“〔　　　〕のスイッチ”を入れることがその第一歩なのかもしれない。

【理論】＊戦争という社会現象の主体は、将軍や兵士ばかりではありません。歴史的に見ていきましょう。

- 「戦争参加者」は、二つに大別される。すなわち、積極的に戦争に参加する者＝〔　　　〕と、戦争に巻き込まれる者＝〔　　　　　　〕である。**＊後者には、老人、女性、子ども、その昔の荘園からの徴発農民などが考えられます。**
- 歴史的に「戦争参加者」は概して増大していく傾向があるが、それはまた、〔　　　〕する権利（武装権）が歴史的に一般民衆（被支配階層）のあいだに広まっていく傾向であるともいえる。
- 下の図は武装権の広がりの観点から、歴史的にあらわれた３つのタイプ（ＡＢＣ）の軍隊を示したものである。

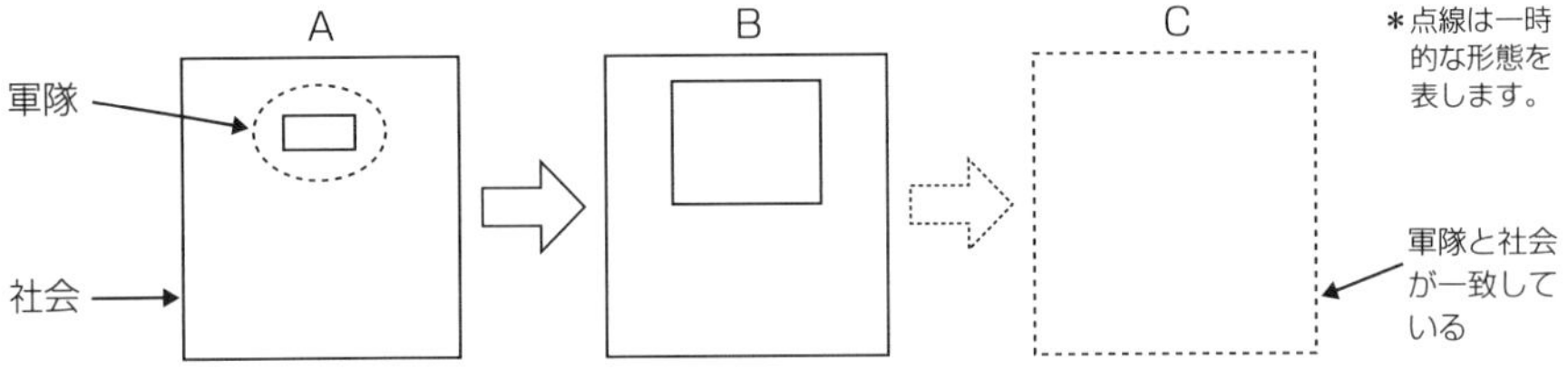

武装権の広がり	5%	⇒	25%	⇒	〔　　〕%
軍隊のタイプ	封建騎士団 （点線部分は徴発された〔　　〕）	⇒	〔　　　　　〕軍	⇒	人民解放軍 （老人、女性、〔　　　〕を含む）
使用される武器	弓矢	⇒	火砲	⇒	〔　　　　〕

- 上記の図から、歴史的に「戦争参加者」の増大にともなって、武装権が広がり、軍隊の形態が変化し、武器の威力が〔　　　〕していくことがわかる。武器の威力の増大により、「戦争参加者」の増大は別の意味では、戦争における〔　　　〕の増大であるともいえる。

【答え】 日本　ソ連　イスラム　ベトナム　限定　アルカイダ　新しい戦争　構造
心　兵士　一般民衆　武装　100　近代的国民　農民　子ども　核兵器
増大　死者

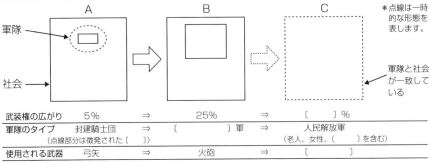

平和学を学ぼう

市民のための平和学講座　<第9講>

戦争と平和の学習は大きく分けて歴史と理論に分かれます。あなたもチャレンジしてみませんか。

下の〔　　〕内に当てはまる最も適切な語句を考えてみてください。

【歴史】＊2015年現在、アラブ世界で起こっている紛争は、歴史的に見ても構造的な変革をもたらしそうです。

- 2011年にチュニジアで民主化を求めるデモから始まった革命は、他の多くのアラブ諸国でも軍部などが民意に反する〔　　　　〕政権を長く続けていたため、たちまち周辺諸国に飛び火し、例えば〔　　　　　〕ではムバラク大統領、リビアでは最高指導者〔　　　　〕大佐が退陣を余儀なくされた。(“〔　　　　〕の春”と呼ばれる) しかし、シリアではアサド大統領が武力で反政府勢力を弾圧し、〔　　　　〕兵器が使われるほどの激しい内戦となった。
- その混乱の中から2014年に台頭した、〔　　　　　〕は、処刑をネットで公開するなどの恐怖政治で知られるが、一方で、歴史上、イスラム教国の支配下では、異教徒さえ〔　　　　〕に暮らしていた事実も知る必要がある。
- 民主化により、自分たちの指導者を〔　　　　〕で選ぶことができるようになるなど、アラブ世界の人々にとって進歩した面もあるものの、独裁＝〔　　　　〕の政府が倒れたことによる政情不安や高い失業率によって、アラブ世界にとって必ずしも“春”とはいえない側面もある。また、〔　　　　　〕主義による政権が多くなることから、〔　　　　〕の権利については大きく後退する恐れも指摘されている。

【理論】＊アメリカで盛んな「紛争解決」(Conflict Resolution) という分野から学んでみましょう。

〈紛争の形態〉

2人の人間（兄と弟）にボールはひとつ、どうする？　**＊LOSE＝負け、WIN＝勝ち。解決の方法は3種類です。**

LOSE & LOSE	WIN & LOSE	WIN & WIN
取り合いをして、怒った父にボールを取り上げられる　＊解決といえますか？	どちらか一方がボールを取る ＊将来に紛争の種が残ります。	〔　　　　　　　　〕 ＊真の解決といえるでしょう。

- 上記のWIN & LOSEは、両者の得点、失点が総計ゼロであることから〔　　　　〕ゲームとも呼ばれる。
- またこの状況は、例えば兄が父にほめられたいがためにボールを弟に譲るのであれば、WIN & WINとなる場合もある。→ 相手だけでなく〔　　　　〕を見る必要性　**＊ボール取得に固執しては面子争いに陥ります。**
- もしどちらかが遊ぶためではなく、ボールに書かれた有名選手のサインを見るためにボールを手にしたいだけであれば、紛争は容易に解決する。→〔　　　　〕の必要性　**＊相手の言い分をよく聞かなければなりません。**

〈紛争の動態〉

紛争のエスカレーション（高まり）	紛争のディエスカレーション（鎮まり）
話しながら怒鳴りだし、相手の声をさえぎる	怒鳴り疲れておだやかな声になり、相手の声に〔　　　〕をかたむける
ひとつの立場の〔　　　　〕しか知らない	さまざまな立場の情報を知っている
自分のグループが全面的に〔　　　　〕(善) と思い、相手は悪だと決めつける	自分のグループにも見直すべきところがあると気づき、相手にもいろんな人がいると知る
狼や鬼のような〔　　　〕のイメージをもつ	そういうイメージはつくられていると知る
ひとつの意見しか許されない →〔　　　　　　〕の心理	意見の違いを認め合える →〔　　　　〕の尊重

【答え】独裁　エジプト　カダフィ　アラブ　化学　イスラム国　平和　選挙　強権
イスラム　女性　二人で一緒に遊ぶ　ゼロサム　周り　対話　耳　情報
正しい　敵　ファシズム　多様性

平和学を学ぼう

市民のための平和学講座 ＜第8講＞

戦争と平和の学習は大きく分けて歴史と理論に分かれます。あなたもチャレンジしてみませんか。

下の〔　　〕内に当てはまる最も適切な語句を考えてみてください。

【歴史】＊冷戦後の世界はどのように変わっていったのでしょう。少し前から見ていきます。

- 1979年のソ連によるアフガニスタンへの侵攻（“ソ連にとっての〔　　　　〕戦争”）以降の世界では、東西の陣営（＝米ソ冷戦）以外にもうひとつの陣営の台頭が見られた。それは〔　　　　〕主義による勢力である。
- 一方で〔　　　〕主義のソ連という共通の敵を持ち、共にアフガンで戦っていたアメリカ（援助のみ）とイスラム諸国・勢力だったが、もともと宗教が異なるという〔　　　〕的原因により対立が起こりがちで、1979年、急速な西洋化に反発した〔　　　　〕（シーア派）で革命が起こると、今度は米ソ両国が共に、イスラム革命が世界に広まるのを恐れてイラク（〔　　　〕派が有力）を援助し、同国を軍事大国にするなど世界は混迷の度を深めた。
- 1989年以降、ソ連の“裏庭”である〔　　　〕諸国で共産主義の〔　　　〕政権が次々に崩壊すると、アフガンでの戦争で力を弱めたソ連は、その年の12月、アメリカと共に〔　　　〕の終結を宣言した。
- 冷戦が終結に近づくにつれ、アメリカの“裏庭”であった中南米諸国では〔　　　〕主義を掲げた軍事独裁政権が相次いで倒れ、民主化が進んだ。また、米ソの〔　　　〕戦争をしていた国々や地域で停戦となる動きがある一方、米ソの抑えがなくなったため、民族・宗派間の争いが増える傾向もまた見られる。
- 1990年、小国クエートは軍事大国となったイラクに侵攻されたが、アメリカ中心の〔　　　　〕軍によって解放された。これは〔　　　　〕主義が終わったことを意味し、小さな国でも生存・繁栄の可能性が高まってきた。
- 唯一の超大国となったアメリカは、〔　　　　〕以後、アフガンのタリバン、イラクのフセインの両政権を倒した。

【理論】＊戦争にも望ましい面があるのかどうか？　考えていきましょう。

- 戦争には肯定的側面（＝〔　　　　〕面）もあるとされる。これにより戦争は“〔　　　〕悪”と考えられ、戦争が起こりやすくなるため、これもまた戦争の〔　　　〕心理による原因のひとつとされている。
- 戦争の肯定的側面は以下のように分類される。　**＊AとBの区別はカテゴリーが違うためです。**

A．戦争は社会に〔　　　〕を与えてきた。
- 戦争は人口を調節してきた。
- 戦争は文明を交流させ〔　　　〕を伝播させた。
- 戦争は〔　　　　〕を進歩させた。
- 戦争には社会階層をシャッフルし、〔　　　〕化する効果がある。
- 戦争には“雄々しさ”、“栄光”などの側面がある。など

B．戦争は公権力の存在しないところでは〔　　　〕の役目を果たし、紛争を解決してきた。

- 何よりも留意しなければならないことは、これらの戦争の肯定的側面は、桁はずれの破壊力を持つ〔　　　〕の登場によって、すべて消え去ってしまったということ。戦争の肯定的側面はすでに過去のことなのである。

【答え】 ベトナム　イスラム　共産　構造　イラン　スンニ　東欧　独裁　冷戦
反共　代理　多国籍　植民地　9・11　望ましい　必要　社会　活力
文化　科学技術　平等　裁判　核兵器

平和学を学ぼう

市民のための平和学講座　＜第７講＞

戦争と平和の学習は大きく分けて歴史と理論に分かれます。あなたもチャレンジしてみませんか。

下の〔　　〕内に当てはまる最も適切な語句を考えてみてください。

【歴史】＊第二次世界大戦後の歴史は何といってもまず、東西（米ソ）冷戦の歴史からです。

- 1929（昭和４）年の世界の〔　　　　　〕以来、自由に経済競争をさせる制度である〔　　　　〕主義ではうまくいかないとの認識が広がり、国家が経済を管理する制度である〔　　　　〕（共産）主義に改めようという運動がみられた。その中心となったのが、ロシアに起こった〔　　　　〕により成立した、労働者･農民が支配する国、〔　　　　　〕社会主義共和国連邦（ソ連）であった。
- これに対して資本主義国の代表である〔　　　　　〕は、ソ連の社会（共産）主義体制は〔　　　　〕主義的であり、自由がなく、世界中で革命を起こそうとしているとして、激しく対立するようになった。
- 特に米、ソの共通の敵、日、独、伊などを失った第二次世界大戦後に、その対立は激化し、戦争で疲弊した〔　　〕、〔　　　〕、日、西独などをアメリカが取り込み、東独、ポーランド、ハンガリーなどをソ連が衛星国化して、世界は〔　　　　〕に分かれて対立する情勢となった。このような情勢を、発火しない冷たい戦争という意味で、東西（米ソ）〔　　　　〕と呼ぶ。（冷戦は〔　　　　〕的平和である）
- 米ソ冷戦は、1962（昭和37）年にキューバのミサイル基地建設をめぐって、全面核戦争に発展する可能性があった、〔　　　　　〕危機を起こしたが、その後、米ソ首脳間に〔　　　　　　〕が引かれるようになるなど、偶発的核戦争を防ぐ手段がつくられた。
- 1980年代に入ると、ソ連を中心とした東側の諸国は〔　　　　〕的に行き詰まり、〔　　　　〕を求める国内からの声に押されて西側と冷戦を続けていけなくなり、1989（平成元）年、〔　　　　　〕の壁が崩壊して、冷戦は終結した。

【理論】＊第二次世界大戦後、戦争はどう変わったのでしょう。

- 原子／水素爆弾＝〔　　　〕兵器の登場によって、①破壊力、②戦争の方法（戦略）、③死者の数、において、戦争は大きく変わることとなった。それぞれの点について以下に見ていく。

①広島に原爆を投下した１機のB29で、〔　　　　〕機分の破壊力を持つ。（現在の最大の破壊力を持つ兵器は大陸間弾道ミサイル＝〔　　　　　〕である）

②その破壊力が生み出した“恐怖の均衡”（＝核〔　　　　　〕）により、アメリカとソ連は直接戦争ができなくなり、冷戦と〔　　　　〕戦争が始まった。

③地球上の核兵器のうち、わずかな量である100メガトン（1メガトン＝100万トン、広島原爆は16キロトン）の使用でも、放射能の被害によるだけでなく、氷河期のような〔　　　　　〕が起こり、全人類は死滅する。

【答え】大恐慌　資本　社会　革命　ソビエト　アメリカ　独裁　英　仏　東西
冷戦　消極　キューバ　ホットライン　経済　自由　ベルリン　核　2000
ＩＣＢＭ　抑止力　代理　核の冬

平和学を学ぼう

市民のための平和学講座　＜第6講＞

戦争と平和の学習は大きく分けて歴史と理論に分かれます。あなたもチャレンジしてみませんか。

下の〔　　〕内に当てはまる最も適切な語句を考えてみてください。

【歴史】＊太平洋戦争末期の大きな悲劇、沖縄戦について見ていきましょう。

- 沖縄戦とは、主として米軍が沖縄本島に上陸した、1945（昭和20）年〔　　〕月1日から、日本軍が組織的抵抗を終えた〔　　〕月23日までの戦いをいう。
- 米軍の上陸地点は日本軍が防御を固めていた沖縄本島〔　　〕部で、以後は撤退した日本軍を追って〔　　〕部に進撃、多くの民間人も巻き込み、その結果犠牲者を増やした。本島以外の諸島でも、強制移住や〔　　　　〕自決などによって、犠牲者数はふくらんでいった。
- 日本軍の死者約10万、米軍の死者約1万2千、沖縄の民間人の死者約〔　　　　〕人である。(当時の沖縄の人口は約〔　　　　〕人だった）　沖縄戦中、米軍艦船に突入した特攻機は約〔　　　　〕機、戦艦〔　　　　〕も沖縄に向かったが、沈められてしまった。
- 沖縄の生徒のうち、“ひめゆり”などの女子は〔　　　　〕として従軍し、同世代の男子は〔　　　　　　〕に所属して戦うこととなった。その他の中等学校以上に通っていない若者たちも、多くは戦場に散った。
- 沖縄の人々のなかでも、日本軍のために特に優れた働きをして死んだ兵士は〔　　　　〕と呼ばれ、一方、非協力的な者は〔　　　　〕（＝非国民）と疑われた。
- 沖縄の人たちは、沖縄戦は〔　　　　　　〕までの時間かせぎであったと批判している。戦後も在日米軍基地の約〔　　　〕%が沖縄に集中するなど、沖縄の人々の悲劇は続いている。

【理論】＊敵対している国民同士が、人間的な触れ合いを取り戻すにはどうしたらいいのでしょう。

- 個人的には何の恨みもない敵国の兵士をなぜ殺せるのか、そのメカニズムを考察してみる。例えば水の温度がどんどん上がっていくと、水が〔　　　〕に変わるように、量的な増大が〔　　〕的な変化を招くという法則がある。
- その法則に従って、この社会の人間がひとりふたりと増えていくと考えると、最初は集団となり、もっと増えると〔　　　　〕が成立することとなる。
- その時、単なる日本人、アメリカ人であったものが、日本国民、〔　　　　　〕国民となってしまい、祖国のためなら殺し合いも厭わなくなってしまうのである。以下に、図示する。

＊縦軸の指標0と100には単位はありません。

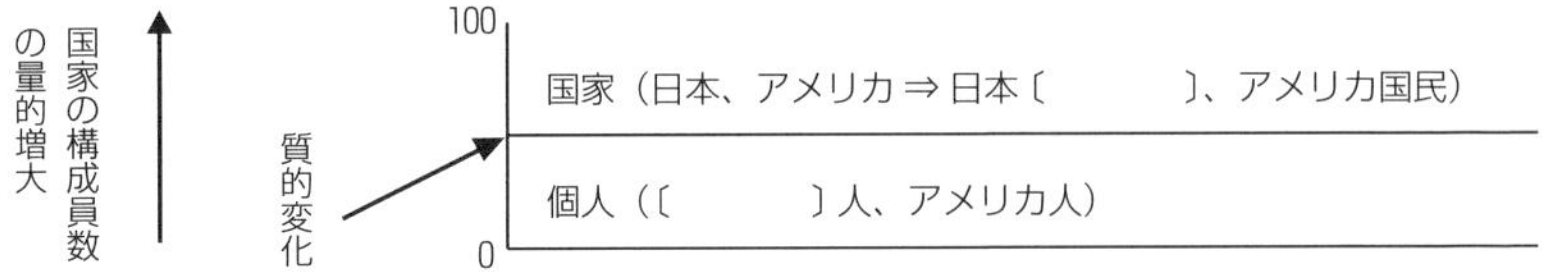

- すなわち、「○○国民」という意識ではなく、一人ひとりの〔　　　〕としての気持ちに立ち返って考えることが、戦争を避ける最良の方法のひとつともいえる。

【答え】 4　6　中　南　集団　10万　60万　2500　大和　看護師
鉄血勤皇隊　軍神　スパイ　本土決戦　70　蒸気　質　国家　アメリカ
国民　日本　人間

平和学を学ぼう

市民のための平和学講座 ＜第5講＞

戦争と平和の学習は大きく分けて歴史と理論に分かれます。あなたもチャレンジしてみませんか。

下の〔　　〕内に当てはまる最も適切な語句を考えてみてください。

【歴史】＊先の大戦の語り部の多くが空襲体験者です。日本本土空襲についてもう一度見ていきましょう。

- アメリカは1944（昭和19）年7月から、〔　　　　〕島、グアム島、テニアン島などのマリアナ諸島を支配下に置き、そこを日本〔　　　　〕空襲の基地として、新鋭の長距離爆撃機〔　　　　〕を配備し、主に〔　　　　〕弾による〔　　　　〕爆撃を実施した。（米軍が事前警告のビラ（〔　　　　〕）を撒いたこともあった）
- その結果、日本全国で〔　　　　〕以上の都市が焼け野原となり、主として約〔　　　　〕万人の〔　　　　〕（⇔前線）を守っていた〔　　　　〕（⇔軍人）が亡くなった。
- 特に、昭和〔　　　〕年〔　　　〕月の東京大空襲では、〔　　　〕時間余りの間に〔　　　　〕機ものB29が焼夷弾を投下し、およそ〔　　　　〕万人の死者がでた。
- これは〔　　　　〕爆弾の投下による、広島の死者、約〔　　　　〕万人、〔　　　　〕の死者数、約〔　　　〕万人に匹敵するくらいの数字である。
- また、1945（昭和20）年3月に〔　　　　〕が陥落すると、そこを基地に多数の米戦闘機〔　　　　〕が、B29の護衛として飛来し、駅や鉄道、民間人までも〔　　　　〕するようになった。
- さらに、日本近海に進出した米航空母艦からも、コルセア、〔　　　　〕などの戦闘機や、二人乗りの艦載機が発進し、ロケット弾や爆弾での攻撃を行なった。

【理論】＊“戦争と平和のサイクル”もまた、社会心理による戦争原因のひとつといえます。

- 戦争体験は〔　　　〕させるのではなく、継承していかなければならない。なぜなら、「のど元過ぎれば、熱さを忘れる」の例えのように、戦争の悲惨さも時がたつにつれて、語る者たち（〔　　　　〕）もいなくなり、忘れられていき、また〔　　　〕をくり返してしまうからである。その無限のサイクルのメカニズムを以下に図示する。

　＊「平和」から「戦後」までのサイクルの下に2段に描かれているものは、上段が敵国に対する表面の社会心理で、下段が深層の社会心理です。

平和	⇒	軍備競争	⇒	戦争	⇒	持久戦	⇒	休戦	⇒	戦後
好意		好意		敵意		敵意		戦争倦怠		戦争倦怠
好意		〔　　〕		敵意		〔　　〕		〔　　〕		〔　　〕

- 上記の“戦争と平和のサイクル”を断ち切るためには、戦後の戦争倦怠をいつまでも〔　　　〕すること、すなわち「戦争はもうイヤだ！」という気持ちを多くの人が持ち続けることが必要である。

【答え】サイパン　本土　B29　焼夷　無差別　伝単　60　50　銃後　民間人
20　3　2　300　10　原子　14　長崎　7　硫黄島　P51　機銃掃射
グラマン　風化　語り部　戦争　敵意　戦争倦怠　敵意　好意　持続

平和学を学ぼう

市民のための平和学講座　＜第4講＞

戦争と平和の学習は大きく分けて歴史と理論に分かれます。あなたもチャレンジしてみませんか。

下の〔　　〕内に当てはまる最も適切な語句を考えてみてください。

【歴史】＊もう一度、先の大戦について。「第二次世界大戦」と「太平洋戦争」、「日中戦争」の違い、わかりますか？

- 第二次世界大戦とは〔　　　〕（昭和14）年に始まった、ドイツによるヨーロッパ諸国への侵攻から、1945（昭和20）年8月の〔　　　〕の降伏まで続いた世界戦争である。
- ヨーロッパ戦線ではドイツは初め〔　　　　〕を破るなど快進撃を続けたが、イギリスに上陸できず、ソ連の首都〔　　　　〕も攻略できないでいるうちに、1944（昭和19）年、北フランスの〔　　　　　　〕海岸に米英軍の上陸を許し、東（〔　　　〕）と西（米英）からはさみ撃ちに合い、日本よりも約〔　　〕ヶ月早く降伏した。
- 日本は、1937（昭和12）年から、南京〔　　　　　〕の悲劇を引き起こした〔　　　〕戦争を戦い、その早期終結に失敗して大陸に大軍を残したまま、太平洋戦争（1941年12月8日に開戦）へと突き進んでいった。
- その過程で国全体が戦争体制に組み入れられていく。国民を戦争に駆り立てる〔　　　〕主義教育が行われ、一方、戦争反対の運動は〔　　　　　　　〕法での取り締まりが強化され、自由にものが言えない社会となっていった。
- また、全ての国力を戦争に注ぐため、〔　　　　　　　　〕法が施行され、太平洋戦争末期には（現在の）中学生や高校生なども工場や農地で働かされた。
- 日本人だけでなく、国と名前を奪われて差別的に扱われていた、〔　　　　〕の人々もまた、日本のために強制的に働かされるなど、その運命はさらに過酷なものとなっていった。
- このような政治体制は〔　　　　〕主義＝ファシズムと呼ばれ、日本だけでなく、〔　　　　〕やイタリアでもみられた。これもまた、戦争の構造的原因のひとつといえる。

【理論】＊前回の“熱狂トライアングル”以外の、社会心理による戦争原因のいくつかを見てみましょう。

- 戦場においては、兵士たちはしばしば〔　　　　〕心理に支配される。それには以下の特性が見られる。

① 相互作用による〔　　　　〕性　　**＊人は集まると気が大きくなります。**

② 匿名による〔　　　　　　〕性　　**＊人はバレないと悪いことをしがちです。**

③ 暗示による被操作性　　**＊人は集まると集団催眠にかかりやすくなります。**

④ 命令による〔　　　　〕性　　**＊戦場では命令を拒むと即、射殺されます。**

- これらのことによって普段、家庭では心やさしい父親や夫、息子が狂気の殺し合いをしてしまうため、群集心理は戦争の社会心理による原因（〔　　　〕レベル）のひとつと考えられている。他の社会心理による原因には、戦争反対の声を上げにくくなるというような、〔　　　　　〕の心理（社会レベル）などがある。

【答え】 1939　日本　フランス　モスクワ　ノルマンディー　ソ連　3　大虐殺
日中　軍国　治安維持　国家総動員　朝鮮　全体　ドイツ　群集　興奮
無責任　絶対　集団　ファシズム

平和学を学ぼう

市民のための平和学講座　＜第3講＞

戦争と平和の学習は大きく分けて歴史と理論に分かれます。あなたもチャレンジしてみませんか。

下の〔　　〕内に当てはまる最も適切な語句を考えてみてください。

【歴史】＊太平洋戦争は太平洋以外でも戦われました。先の大戦の歴史を、もう少し詳しく見ていきましょう。

- 日本は明治に入って、清国（中国）と戦った〔　　　　〕戦争、〔　　　　〕と交戦した日露戦争とたて続けに勝利を収め、国力を伸ばして、〔　　　　〕、〔　　　　〕などの植民地を領有した。
- 当時の世界は、他国も弱ければ〔　　　　〕にしてもよい、という考え方（=〔　　　　〕主義）が一般的で、列強は皆、植民地の獲得をめぐって争い、ついには、日、独、伊など（=〔　　　〕国）と、米、英、仏など（=〔　　　〕国）とにわかれて、1939年から第〔　　〕次世界大戦へと突入することとなった。
- 明治以来の国力の伸張とともに、日本民族は外国よりすぐれているとの考え方が支配的となり、〔　　　　〕、中国などを低く見るようになった。特に中国のことを〔　　　　〕と呼び、差別的に扱う傾向があった。
- 日本国内では、アジアへの侵略戦争に反対し、〔　　　　〕制を〔　　　　〕によって倒そうとする、左翼勢力の活動が見られたが、社会の秩序を破壊するものとみなされ厳しい取締りを受けた。
- 国外では、日本は1931（昭和6）年、現中国〔　　　　〕部の満州にて、鉄道を爆破し、これを中国軍のしわざだとして満州全土を攻略、翌年、〔　　　　〕の軍人が実権を握る「満州国」を建てた。
- それ以後、満州に〔　　　　〕団が送り込まれたが、のちには家族に代わって、15歳からの男子を集めた満蒙開拓〔　　　　〕義勇隊や、その妻となる女性たちも送られるようになった。戦争終結の年8月の〔　　　　〕軍の侵攻以降、満州移民の〔　　　　〕は、日本の強引な開拓に不満をもつ中国人に襲われるなど過酷なものとなった。

【理論】＊戦争を引き起こす原因のひとつ“熱狂トライアングル”です。図で見てみましょう。

- 昭和初期の世界恐慌や東北の大飢饉により、国民に大きな〔　　　　〕が広がっていた日本では、その不満のはけ口となるような〔　　　　〕をかもし出すものが求められていた。それが戦争である。熱狂がつくられるための〔　　　　〕作用を以下に図示する。

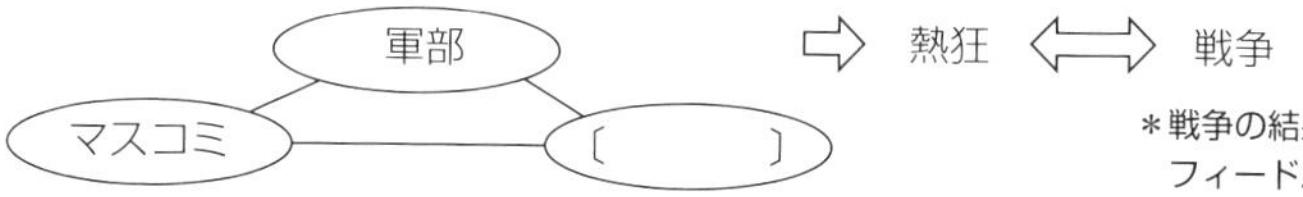

＊戦争の結果がまた熱狂にフィードバックします。

- 国民に〔　　　　〕を教えて、熱狂を抑制していくべき〔　　　　〕は、満州事変の時は関東軍の謀略を知っていたにもかかわらず、報道せずに熱狂をあおった。その理由は大手新聞社が販売部数を伸ばすために〔　　　　〕運動を恐れたためである。
- このようなことを繰り返さないためには、私たち国民の一人ひとりが言論・報道の〔　　　　〕について理解するだけでなく、ジャーナリズムの側も、権力に対して尻尾を振るペットドッグ（〔　　　　〕）とならずに、監視・批判するウォッチドッグ（〔　　　　〕）となっていくことが求められる。

【答え】日清　ロシア　台湾　朝鮮　植民地　帝国　枢軸　連合　二　朝鮮　支那
天皇　革命　東北　日本　開拓　青少年　ソ連　引揚　不満　熱狂　相互
国民　真実　マスコミ　不買　自由　愛犬　番犬

平和学を学ぼう

市民のための平和学講座　＜第2講＞

戦争と平和の学習は大きく分けて歴史と理論に分かれます。あなたもチャレンジしてみませんか。

下の〔　　〕内に当てはまる最も適切な語句を考えてみてください。

【歴史】＊前回に引き続いて、太平洋戦争の基本をおさえましょう。

③戦局の転換

- 開戦後、数ヵ月の間、日本は当時イギリス領だった〔　　　　　〕を占領するなど、勝利を重ねた。しかし、〔　　　　　　〕パールハーバーの復讐心に燃える〔　　　　　〕は、1942（昭和17）年6月、日本海軍主力の空母4隻を〔　　　　　　〕海戦で全滅させ、これが戦局の転換点となった。
- その年の8月に〔　　　　　　　〕島に上陸したアメリカは、その大きな工業力で大量の航空機、艦船を生産し、太平洋の島づたいに反攻を開始して、1944（昭和19）年7月には、日本の準国土でもあった〔　　　　　〕島を陥落させた。

④日本本土への空襲

- サイパン島などを占領した米軍は、新鋭の爆撃機〔　　　　〕を配備し、日本の各都市への爆撃の準備を始めた。
- これに対し日本の都市では、バケツリレーなどの〔　　　　〕演習や、小学校3年から6年までの児童を田舎に避難させるという〔　　　　　　〕が行なわれるなどの対策がとられたが、結局、被害を防ぐことができなかった。
- そして、昭和20年〔　　〕月〔　　〕日広島に、〔　　〕日長崎に、原爆を落とされ、中立国の〔　　　　〕も侵攻してくる状況のなか、〔　　　〕日に日本は降伏した。

【理論】＊前回の概念も含んだ、戦争（暴力）概念の分類です。図で見てみましょう。

- 社会には3種類の“戦争”（暴力）が存在する。すなわち、①〔　　　　〕間の武力紛争のような〔　　　　〕的な戦争（暴力）、②差別や貧困などといった社会的〔　　　　　〕のような間接的“戦争”（暴力）～これは特に〔　　　　　〕暴力と呼ばれる～、③地球環境危機のような〔　　　　〕に対する“戦争”（暴力）である。
- ①の戦争（暴力）がないだけの状態を、消極的〔　　　　〕という。それに対し、①を含めて②や③の“戦争”（暴力）もない状態、すなわち全ての“戦争”（暴力）がない状態が〔　　　　　〕平和である。
- 前回を含め、これまで登場した5種類の戦争（暴力）を図に示すと以下のようになる。

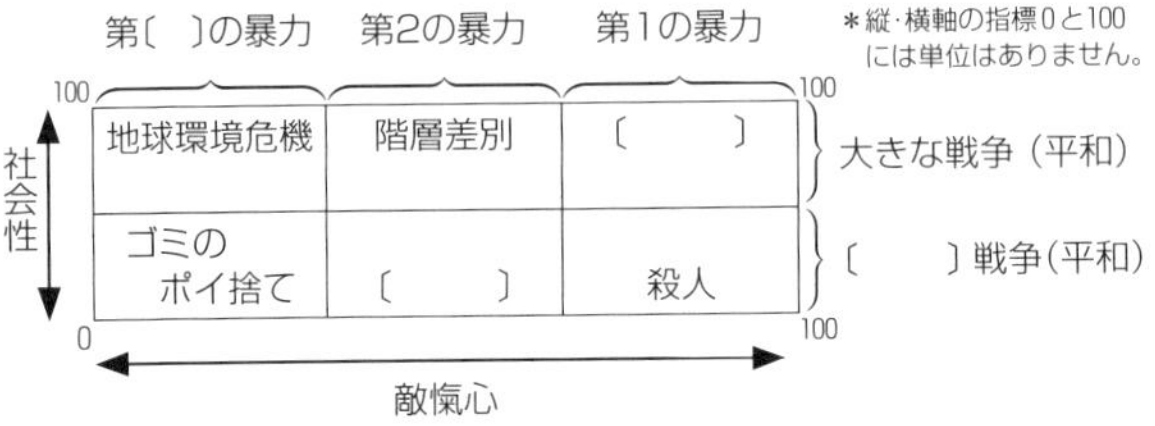

【答え】　シンガポール　リメンバー　アメリカ　ミッドウェー　ガダルカナル　サイパン　B29　防空　学童疎開　8　6　9　ソ連　15　国家　直接的　不公正　構造的　自然　平和　積極的　3　戦争　小さな　いじめ

平和学を学ぼう

市民のための平和学講座　＜第１講＞

戦争と平和の学習は大きく分けて歴史と理論に分かれます。あなたもチャレンジしてみませんか。

下の〔　　〕内に当てはまる最も適切な語句を考えてみてください。

【歴史】＊まず太平洋戦争について、基本をおさえましょう。そんなに難しくないはずです。

①太平洋戦争とは何か

- 1941（昭和16）年〔　　〕月〔　　〕日に起こった太平洋戦争とは、日本が主に米（アメリカ）、〔　　　〕（イギリス）と戦い、1945（昭和20）年〔　　　〕月〔　　　〕日に降伏した戦争で、1939（昭和14）年に始まった〔　　　　　〕大戦の一部である。
- また、1931（昭和６）年の〔　　　〕事変から15年にわたる戦争という意味の〔　　　〕年戦争の一部とも考えられる。その他、戦域が太平洋だけでなくアジアに広がっていることから〔　　　〕・太平洋戦争と呼ばれることもある。（当時は1937年からの日華事変も含み、〔　　　　〕戦争と呼ばれていた）

②太平洋戦争に至るまで

- 1929（昭和４）年ごろから世界経済は大〔　　　〕となり、その危機をのりきるため、米、英、〔　　　〕、〔　　　〕、〔　　　〕、日、などの列強諸国は〔　　　　〕との結びつきを強めた。
- 当時、〔　　　〕、〔　　　〕などの植民地を持っていた日本は、さらに植民地を増やそうとして、満州事変を起こし、〔　　　〕東北部に〔　　　〕国を建て、中国北部にも勢力をのばそうとした。
- 主に〔　　　　〕はそれに反対したため、日米間で〔　　　〕交渉が持たれたが、うまくまとまらず、日本がアメリカのハワイにある〔　　　〕湾や、当時イギリス領だった〔　　　〕半島を攻撃して、太平洋戦争が始まった。

【理論】＊まず、「戦争」と「平和」を大・小に分けます。平和学でいうところの戦争（暴力）概念の分類です。

- 〔　　　〕と平和はコインの表と裏の関係にある。また、戦争と平和を一枚の印刷物に例えると、戦争は活字で、平和は〔　　　〕であるといえる。つまり、平和は目立たない存在である。
- 大きな平和とは大きな戦争、すなわち主として〔　　　〕間の武力紛争やカースト制度などの社会的〔　　　〕などがない状態であり、小さな平和とは小さな戦争、すなわち〔　　　〕間の〔　　　〕やいじめなどがない状態である。
- 大きな平和があっても、小さな平和がない場合がある。その状態はしばしば〔　　　〕の平和（＝力による平和の押し付け）と呼ばれる。しかし、小さな平和があるのに、大きな平和がない場合は普通には考えにくい。
- そう考えてみれば、大きな世界平和もつまるところ、一人〔　　　〕が、どう戦争と平和に向き合うかの問題であるともいえる。

【答え】　12　8　英　8　15　第二次世界　満州　15　アジア　大東亜　恐慌
仏　独　伊　植民地　台湾　朝鮮　中国　満州　アメリカ　外交　真珠
マレー　戦争　余白　国家　不公正　個人　ケンカ　帝国　ひとり

付録

「市民のための平和学講座」10講

●著者紹介

常本　一（つねもと　はじめ）

1957年、大阪に生まれる。上宮高校、ノースランド大学（米国）卒業。平和学専攻。元 大阪国際平和センター（ピースおおさか）専門職員、大阪教育大学非常勤講師、大阪府立和泉総合高校特別非常勤講師

著書：『戦争と平和の「解剖学」』（東方出版 2005年）、『戦争宿命論からの解放学』（ノンヒョン出版 2014年〈ハングル〉）

編書：『戦争出前噺―元日本兵は語る』（みずのわ出版 2008年）

脱戦争―宿命論からの「解放学」

2015年8月15日　初版第1刷発行

著　者　常本　一

写　真　片山通夫

カバーデザイン　藤澤佳代

発行者　稲川博久

発行所　東方出版株式会社

〒543-0062　大阪市天王寺区逢阪2-3-2

リンクハウス天王寺ビル602号

TEL 06-6779-9571　FAX 06-6779-9573

印刷所　株式会社 国際印刷出版研究所

ISBN978-4-86249-254-8